久富陽子 [編著]
Hisatomi Yoko

実習における遊びの援助と展開

小櫃智子・善本眞弓
Obitsu Tomoko, Yoshimoto Mayumi

萌文書林

まえがき

　2011年3月11日は、日本人にとって忘れられない日になりました。東日本大地震が起こり、東北地方を中心に多くの方たちが一瞬のうちに家族や友人、家や大切な思い出を失いました。このような大きな悲しみと苦難のなかにありながらも、被災された多くの方たちは必死に前を向いて生きておられます。また、そうした人たちを支えようとするボランティアなどの動きも全国に多く広がっています。こうした苦しい状況を抱えながらも未来に向かって生きようとする力、そうした人たちを支えようとする力は、知識を学ぶことで身につくものではないと思います。それらは、その方々が今まで過ごしてきた人生における、日々の生活や人とのかかわりを通して獲得してきた力でしょう。そして、私たち保育に携わる者が大切にしていることは、乳幼児期にそうした生きる力の基礎となる心情、意欲、態度を、遊びを通した総合的な指導のなかで子どもたちのなかに培っていくことです。このような大惨事に直面しながら、今、あらためて生きる力の重要性、それを培う乳幼児期における遊びの大切さを痛感しています。

　このテキストは、保育者をめざす学生が子どもの遊びに対する援助について、学び、考えていくことを目的としてつくられています。実習での課題は多く、日々の日誌を書くことや手遊び、絵本の読み聞かせ、ピアノなどの保育技術を行うこと、指導計画を作成し責任をもって子どもの保育を行うことなどが目白押しです。そのため、ときにはそうしたことだけに実習生の関心が行きがちになりますが、生きた子どもとの実際のかかわりのなかで、子どもを知ること、子どもの遊びを理解すること、そして子どもへの適切な援助を学ぶことは、実習でなければできない貴重な学びです。実習生が子どもや遊びについての基本や特徴を理解し、また、自分の援助を振り返るときの視点をもつことで、実際の子どもや遊びについて深く理解し、有意義な実習をおえることができるよう願っています。そして、子どもたちが乳幼児期に充実した遊びをたくさん経験することで、「生きる力の基礎」が確実に培うことができるように、子どもの遊びを大切にする保育者に育っていただければ幸いです。

　このテキストの編者や著者は、現在は保育者養成校に勤める教員ですが、もとは保育現場で保育者として働いた経験をもつ者ばかりです。そのような意味でも、保育の現場で必要になる基本的な事柄を中心に内容を構成してありますので、実習生にとって身近で役に立つことが豊富に記されていると思っています。

　最後になりましたが、萌文書林の服部雅生氏、田中直子氏には最後まで非常にお世話になりました。ハウ・ツーを伝えるのではなく、子どもの遊びの援助の基本が伝えられる本として、共に頭を寄せ合って考えていただきました。ここにあらためて深謝申し上げます。

　　2011年4月

編者　久富　陽子

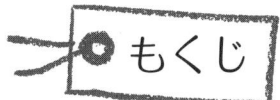

| まえがき | 1 |

Basic 基本 ──実習で学ぶ援助とは　(担当：久富)　9

- ① 保育者になること　9
- ② 保育所実習や幼稚園実習の流れ　10
- ③ 子どもの遊びに対する援助の重要性　11
- ④ 子どもの遊びへの援助のむずかしさ　12
- ⑤ 本書について　13
  - (1) 0〜2歳　14
  - (2) 3 歳　15
  - (3) 4 歳　16
  - (4) 5 歳　16
  - (5) 6 歳　16

Practice 実践　17

1　砂　場　(担当：小櫃)　17

- 砂場　援助のポイント！　18
- Q&A 実習でこんな場面に出会ったらどうかかわる？　19

低年齢児　事例「あーあー、壊れちゃった」(5月／1歳児)　20
- ① それぞれのやり方で砂へのかかわりを楽しむ　21
- ② 壊すことの楽しさに共感してかかわる　21

3歳児　事例「バシャバシャ、ドロドロ、楽しいね」(6月)　22
- ① 思いっきり砂の感触を楽しませたい時期　23
- ② 型にとらわれず砂の感触をともに楽しむかかわりを大切にする　23

4歳児　事例「私もプリンケーキつくろう」(11月)　24
- ① 砂でつくったものを見立てて楽しむ　25
- ② 子どものイメージの世界を大切にかかわる　25

5歳児　事例「ここ山にする？」(5月)　26
- ① イメージを伝え合いながら友達と協力してつくる楽しさ　27

② 子どもたち同士で遊びを進めていく姿を大切にする 27
　　　　Column　砂場遊びをもっと楽しくする道具・素材 28

2　鬼ごっこ .... (担当：小櫃) ... 29

　　鬼ごっこ　援助のポイント！ 30
　　Q&A　実習でこんな場面に出会ったらどうかかわる？ 31

低年齢児　事例「まて、まて〜」(10月/2歳児) 32
　　① 追いかけられることを楽しむ 33
　　② 捕まえられる喜びを味わえるように 33

3歳児　事例「しっぽとり、やりたーい」(11月) 34
　　① 追いかけられるだけのしっぽとりでは物足りない 35
　　② 子どもたち同士で楽しめるような働きかけを心がける 35

4歳児　事例「やったぁ！　色鬼楽しいね」(5月) 36
　　① 新しいルールの鬼ごっこで遊びに変化と潤いをもたらす 37
　　② ルールの説明は簡単に一つひとつ伝えていく 37

5歳児　事例「わかった。はさみこみ作戦だ！」(2月) 38
　　① 仲間と作戦を立て、協力することの楽しさを味わう 39
　　② 子どもたちが遊びの中心となって展開していく 39
　　　　Column　いろいろな鬼ごっこを楽しもう 40

3　ごっこ遊び .... (担当：小櫃) ... 41

　　ごっこ遊び　援助のポイント！ 42
　　Q&A　実習でこんな場面に出会ったらどうかかわる？ 43

低年齢児　事例「カンパーイ」(8月/1歳児) 44
　　① まねっこ遊びからごっこ遊びへ 45
　　② 子どもの表現を受け止め、やりとりを楽しめるようかかわる 45

3歳児　事例「4人の〇〇レンジャー」(6月) 46
　　① 役割分担よりも自分がなりたいものになりきることが楽しい 47
　　② なりたいものになりきって楽しめるような援助を心がける 47

4歳児　事例「パーティーのお手紙をつくっていたの」(5月) 48
　　① 友達と言葉のやりとりをしながらイメージを共有していく 49
　　② イメージを代弁し友達とのやりとりを楽しめるようにかかわる 49

5歳児　事例「レストランをやろう」(12月) 50
　　① イメージを出し合い、協力して遊びを進めていく楽しさを味わう 51
　　② 自分たちの力で遊びを進めていく姿を大切にする 51

　　　　　Column　帽子をつくっていろいろな人になってみよう ………………………… 52

4　粘　土 …………………………………………………………（担当：善本）… 53
　　粘土　援助のポイント！ ………………………………………………… 54
　　Q&A　実習でこんな場面に出会ったらどうかかわる？ ………………… 55

低年齢児　事例「虫がたくさん」（9月 / 2歳児） ………………………………… 56
　① 見立てること楽しむ粘土遊び ………………………………………… 57
　② 子どもの様子をとらえた言葉かけと自然なかかわり ……………… 57

3歳児　事例「かたくなっちゃったね」（11月） ………………………………… 58
　① 実習生や友達と楽しむ粘土遊び ……………………………………… 59
　② 自発的な遊びのための環境構成と無理をしない楽しいかかわり … 59

4歳児　事例「ゾウをつくりたい」（2月） ……………………………………… 60
　① 友達と協力しつまずきを乗り越える ………………………………… 61
　② 子どもが自分の力で「できた」と感じられる援助 ………………… 61

5歳児　事例「園庭に広がる泥粘土の道づくり」（9月） …………………… 62
　① 子どもたちの自発的な遊び「またあとで遊ぼう」 ………………… 63
　② 子どもの自発的な遊びを支える援助 ………………………………… 63
　　　　　Column　粘土の種類と特徴 ……………………………………… 64
　　　　　Column　小麦粉粘土の材料とつくり方 ………………………… 64

5　積み木 …………………………………………………………（担当：善本）… 65
　　積み木　援助のポイント！ ……………………………………………… 66
　　Q&A　実習でこんな場面に出会ったらどうかかわる？ ………………… 67

低年齢児　事例「崩れて楽しい積み木遊び」（2月 / 1歳児） …………………… 68
　①「見立てる・つなげる・積む」積み木遊び ………………………… 69
　② 子どものしていることを認め根気よくつきあうかかわり ………… 69

3歳児　事例「自分でやるの」（6月） …………………………………………… 70
　① 自分ひとりの力で積みたい子どもの気持ち ………………………… 71
　② ひとりでしたい気持ちを尊重した見守る援助 ……………………… 71

4歳児　事例「大きな船をつくろう」（1月） …………………………………… 72
　① イメージのずれによるトラブル ……………………………………… 73
　② 子ども同士のトラブルへの対処 ……………………………………… 73

5歳児　事例「友達と大きなドミノ倒し」（10月） ……………………………… 74
　① 5歳児の心の育ちと遊びへの意欲 …………………………………… 75
　② 遊びの楽しさが増すさりげない提案 ………………………………… 75

- Column 「基尺」について 76
- Column 積み木の素材・形・大きさ・色・数 76

6 ブロック ...... (担当：善本) ... 77

- ブロック 援助のポイント！ 78
- Q&A 実習でこんな場面に出会ったらどうかかわる？ 79

低年齢児 事例「一緒につなごうね」（5月／1歳児） 80
① かき混ぜる・散らかす・はずす・つなげるブロック遊び 81
② 子どもの遊びを大切にするかかわり 81

3歳児 事例「赤いブロックでつくりたい」（12月） 82
① ブロックの見立て遊びとトラブル 83
② ブロックをめぐるトラブルへの援助 83

4歳児 事例「戦いごっこ」（6月） 84
① つくったもので遊びたい 85
②「戦いごっこ」などの遊びへのかかわり 85

5歳児 事例「動物づくりに挑戦」（1月） 86
① 他者に寄り添う姿と教える喜び 87
② 子どもたちが進める遊びを支える援助 87

- Column ブロックの素材・感触・色・サイズ・デザイン 88

7 製 作 ...... (担当：小櫃) ... 89

- 製作 援助のポイント！ 90
- Q&A 実習でこんな場面に出会ったらどうかかわる？ 91

低年齢児 事例「何つくっているの？」（6月／2歳児） 92
① つくることより、ちぎることが楽しい 93
② ちぎる楽しさを子どもとともに味わう 93

3歳児 事例「リボンがほしい！ お姫様にはリボンがなくちゃ」（12月） 94
① イメージしたものが形になっていく様子を楽しむ 95
② 子ども自身がつくる楽しさを味わえるようにする 95

4歳児 事例「ノートパソコンつくりたい」（2月） 96
① 自分のイメージしたとおりにできない 97
② 子どもが満足してつくることを大切にする 97

5歳児 事例「動物園をつくろう！」（10月） 98
① 共通のイメージをもって1つのものをつくることが楽しい 99
② 子どもたちのイメージを大切にする 99

♥ Column　はさみが使えるようになるまで 100

8　運動遊び ....（担当：小櫃）... 101

- 運動遊び　援助のポイント！ 102
- Q&A　実習でこんな場面に出会ったらどうかかわる？ 103

低年齢児　事例「たっち、じょうずね」（6月 / 0歳児）................. 104
- ① 一人ひとりの運動発達に合わせて、さまざまな動きを楽しむ 105
- ② 子どもが動きたくなるようにかかわる 105

3歳児　事例「フラフープ！　わたしもやってみたい」（6月）........... 106
- ① フープの新たな遊び方を楽しむ 107
- ② フープのさまざまな遊び方を考える 107

4歳児　事例「サッカーしようよ！」（2月）................................ 108
- ① ボールを追いかけること、蹴ること、シュートすることが楽しい 109
- ② 対戦することの楽しさを伝え、運動の意欲を引き出す 109

5歳児　事例「私は10回跳ぶ」（5月）.. 110
- ① 自分のきめた目標に向かって挑戦することが楽しい 111
- ② 一人ひとりの状況に合わせて跳びやすいように縄をまわす 111

♥ Column　ボール遊びを楽しもう 112

9　固定遊具 ....（担当：小櫃）... 113

- 固定遊具　援助のポイント！ 114
- Q&A　実習でこんな場面に出会ったらどうかかわる？ 115

低年齢児　事例「すべりたいけど、すべれない」（9月 / 1歳児）......... 116
- ① 登ることもすべることも楽しい 117
- ② 子ども一人ひとりが安心してすべることができるような援助 117

3歳児　事例「貸してほしいけど、貸すのはむずかしい」（5月）......... 118
- ① 大きく揺れる爽快感を味わう 119
- ② ブランコを通して生じる貸し借りの経験を大切にする 119

4歳児　事例「海賊船に乗って、宝物を探しに行こう」（2月）............ 120
- ① ジャングルジムを海賊船に見立てイメージの世界で遊ぶ 121
- ② 子どものイメージの世界を大切にかかわる 121

5歳児　事例「手伝って。でも自分でやりたい」（5月）................... 122
- ① 挑戦することが楽しい 123
- ② 自分の力でできた喜びを味わえるようにする 123

♥ Column　ジャングルジムの的当てゲーム 124

10 ままごと ……(担当：善本).. 125

- ままごと 援助のポイント！ …… 126
- Q&A 実習でこんな場面に出会ったらどうかかわる？ …… 127

低年齢児 事例「おいしいね」（7月／1〜2歳児）…… 128
① それぞれが違う遊びを楽しむ1・2歳児 …… 129
② 見守る・一緒に遊ぶ・遊びの姿を言語化する援助 …… 129

3歳児 事例「1人で遊びたいの」（5月）…… 130
① 3歳児のひとり遊びとものの取り合い …… 131
② 無理に友達とのかかわりをもたせようとしない援助 …… 131

4歳児 事例「オレンジジュースのプール」（11月）…… 132
① 共通のイメージをもって遊ぶ楽しさ …… 133
② イメージを読み取り子どもの楽しさを尊重するかかわり …… 133

5歳児 事例「ヤヨイちゃんばっかり」（4月）…… 134
① ひとりよがりのリーダーシップ …… 135
② 遊びに変化をつけるかかわりと友達の思いに気づける援助 …… 135

- Column 子どものままごと遊びに見られる「ふり」…… 136
- Column ままごと道具 …… 136

11 水遊び ……(担当：善本).. 137

- 水遊び 援助のポイント！ …… 138
- Q&A 実習でこんな場面に出会ったらどうかかわる？ …… 139

低年齢児 事例「ベランダで水遊び」（8月／1歳児）…… 140
① 全身で水遊びを楽しむ子どもと静かに遊ぶ子ども …… 141
② 子どもの遊びを言葉にして表現するかかわりと制止の仕方 …… 141

3歳児 事例「ジュースをつくる色水遊び」（7月）…… 142
① 色を見立てる楽しさと色を混ぜる楽しさ …… 143
② 子どもの発想を大切にしたかかわりと自発的な遊びの尊重 …… 143

4歳児 事例「大きいシャボン玉をつくりたい」（6月）…… 144
① 友達と楽しむシャボン玉遊び …… 145
② 子どもの思いに応える援助 …… 145

5歳児 事例「プール遊び 飛び込みはしてはいけない」（8月）…… 146
① 大きな個人差と得意なことを見せたい気持ち …… 147
② 危ないことをきちんと伝えるかかわり …… 147

- Column 色水遊びについて …… 148
- Column シャボン玉遊びについて …… 148

12 自然とのかかわり ……………………………(担当：善本)‥ 149
- 自然とのかかわり　援助のポイント！……………………………… 150
- Q&A　実習でこんな場面に出会ったらどうかかわる？……………… 151

低年齢児　事例「落ち葉の遊び」(11月／1歳児)……………………… 152
- ① 保育者や実習生と一緒にさまざまな落ち葉の遊びを楽しむ………… 153
- ② 子どもの気持ちに沿う援助と子どもと一緒に遊ぶ援助……………… 153

3歳児　事例「春の野原で遊ぶ」(5月)…………………………………… 154
- ① 子どもが興味をもった自然とふれあう遊び…………………………… 155
- ② 子どもの気持ちを読み取ろう…………………………………………… 155

4歳児　事例「ハチミツとりと虫探し」(9月)…………………………… 156
- ① 虫への親しみと知っていることを教えたい気持ち…………………… 157
- ② 子どもの言葉や行動を受け入れる援助………………………………… 157

5歳児　事例「ザリガニ釣り」(6月)……………………………………… 158
- ① 友達を思う気持ちと共感する姿………………………………………… 159
- ② 子ども同士の自発的なかかわりを見守る援助………………………… 159
  - Column　小さな生き物や植物などの自然にふれるときの注意……… 160
  - Column　小さな生き物にかかわること………………………………… 160

参考文献一覧 …………………………………………………………………… 161

① 保育者になること

　保育士資格や幼稚園教諭免許を取得するためには、保育所、幼稚園、施設に実習に行くことが不可欠であり、実習は非常に重要です。そのため、実習に伴って学内では実習指導という授業が行われ、実習に向けての学習や準備、実習後には実習の全体を振り返ることが行われます。また、学校によっては実習に行くまでに、履修すべき科目や単位数が定められるなど、実習を重要な位置づけにしています。

　学生のみなさんにとって実習は、保育士資格や幼稚園教諭免許の取得と深く結びついたイメージをもつかもしれません。しかし、みなさんが実習に行く保育所、幼稚園、施設は、資格や免許を取得するために用意されている場ではありません。そこは、子どもたちや利用者の方が保育者とともに日常の生活を送っているところです。そして、その生活は、子どもたちや利用者の方の豊かな育ちを支えています。実習は、そうした大切な生活の場に学生がお邪魔させていただくことで成り立っている学びです。そのため、子どもたちや利用者の方にとって実習生は「先生になるためにお勉強にきた人」だけではありません。実際には、彼らの生活や育ちに直接的な影響を与える存在になっているのです。

　学校で実習に行くための条件がきめられたり、実習指導の授業でさまざまな準備や心構えを学ぶ必要があるのは、保育者になるための１つのステップとして、実習生であっても子どもや利用者の方とともに生活するのにふさわしい存在となるための基本的なことを身につける必要があるからです。実習において、みなさんは、子どもや利用者の方にとって身近な人になります。みなさんは、彼らにどのような影響を与える人になるでしょうか。みなさんの個性や特性のなかで、どのようなところが彼らの育ちや生活に役立たせることができるでしょうか。実習は、練習という側面だけではなく、子どもたちや利用者の生活そのものにかかわることであることを自覚することが大切です。

保育所実習や幼稚園実習の流れ

　保育所実習や幼稚園実習では、子どもたちと保育者たちのありのままの生活を観察したり、一緒に体験したりできるので、学校ではできないさまざまな学びを得ることができます。実習生は、多くの時間を子どもとともに活動をすることになるので、動きながら考えたり判断したりすることが必要となり、体と頭の両方を使わなければなりません。実際に動いてみると、頭でわかっているつもりであっても、できないことやむずかしいと実感することも多いことでしょう。

　保育所や幼稚園での実習は、通常、観察実習→参加実習→部分実習→一日（全日）責任実習というような流れで進んでいきます。

　観察実習は、子どもや保育者の動きを観察することを通して学ぶ実習ですが、子どもとかかわりながら観察するという考え方をもつ園と子どもとかかわることはしないで観察に徹するという考え方をもつ園とがあります。自分が実習する園の方針がどのような考えをもっているかを、オリエンテーションで確認しましょう。いずれにしても、子どもの様子や保育者の援助の全体像を学ぶことが重要になります。

　参加実習は、子どもと積極的にかかわりながら、また、保育者の手伝いを積極的に行いながら学んでいく実習です。子どもとかかわる場合、一度に全員とかかわることは不可能ですから、限られた子どもとかかわることになります。ただし、毎日、毎日同じ子どもとばかりかかわるのではなく、さまざまな子どもとかかわることで、子ども一人ひとりの個性を理解すること、多様な子どものよさやおもしろさを発見することが大切です。とかく実習生は自分に近寄ってくる子どもだけにかかわる傾向がありますが、実習生と遊びたくても自分から近寄れなかったり、意外なところで実習生の援助を求めている子どももいますので、周囲に目を向けることを忘れないようにしましょう。個別に子どもとかかわっているときにも全体の動きが見渡せるような位置や姿勢がとれるようにしましょう。また、保育者の手伝いを実際にさせていただくことは、非常に勉強になります。簡単そうに見えてもやってみるとむずかしいことがわかったり、外からだと見えないところでの細かな援助の実際を学ぶことができるでしょう。

　部分実習は、保育者が行っている保育の一部分を実習生が担わせていただく実習です。子どもの園生活の部分であっても、その部分に関しては実習生が責任をもって保育を担うのですから、準備や練習が必要なのはいうまでもありません。部分実習は、はじめは手遊びや絵本・紙芝居の読み聞かせ、ピアノの伴奏などの比較的時間が短く、内容も単一のものからはじめられます。しだいに、朝の会、昼食準備から昼食まで、製作などというように、いくつかの活動を組み合わせた時間的にも長いものへと進んでいきます。部分実習を行うときには、指導計画案を書くのが原則です。できるだけ早めに書き、担当の保育者にチェックしていただくとよいでしょう。園によっては実践を行うこと自体を重視して、指導計画案は不要という場合もあります。

一日（全日）責任実習は、子どもの一日の園の生活を保育者に代わって行う実習で、実習の総まとめのような位置づけになります。登園時の子どもの受け入れから、子どもの自由な遊びの場面の援助、会の進行、実習生のほうから遊びを提案すること、子どもの生活にかかわる準備や片づけなど、子どもの園生活の流れを乱さないようにしながら、実習生ならではの保育が行えることをめざします。そのため、今までに学んできた知識や経験を生かしていくことが必要になります。準備や練習もあり、指導計画案が一度では完成しないこともありますが、やり終えたときには大きな成果をつかむことができると思いますので、失敗を恐れずに挑戦しましょう。はじめから全部がうまくできる人はいません。大切なのは、そこでの反省や経験が保育者になるために生かせることです。

③ 子どもの遊びに対する援助の重要性

　このように実習が一日（全日）責任実習に向かってステップアップしていくような流れになっているため、実習生にとっての関心が部分実習や一日（全日）責任実習で行う内容、それに伴う指導計画案づくりに集中してしまうことがあります。しかし、それだけが実習の課題ではありません。もちろん、部分実習や一日（全日）責任実習で、楽しい活動を子どもに提案すること、手遊びや絵本・紙芝居が上手に実践できること、指導計

画案が入念に立てられること、これらはどれも保育者に必要な力なのですが、同じくらい重要なのが、**子どもの遊びに対して適切な援助が行える**ということです。

　子どもの育ちにとって遊びは非常に重要です。ここで、遊びの重要性について、確認しておきましょう。幼稚園教育要領には「子どもの自発的活動としての遊びは、心身の調和の取れた発達の基礎を培う重要な学習であることを考慮して、遊びを通しての指導を中心として第2章に示すねらいが総合的に達成されるようにすること」と記されるとともに、「その際、教師は、幼児の主体的な活動が確保されるよう幼児一人一人の行動の理解と予想に基づき、計画的に環境を構成しなければならない。この場合において、教師は、幼児と人やものとのかかわりが重要であることを踏まえ、物的・空間的環境を構成しなければならない。また、教師は、幼児一人一人の活動場面に応じて、様々な役割を果たし、その活動を豊かにしなければならない（傍線筆者）」と記されています。また、保育所保育指針においても「子どもが自発的、意欲的にかかわれるような環境を構成し、子どもの主体的な活動や子ども相互のかかわりを大切にすること。とくに、乳幼児期にふさわしい体験が得られるように、生活や遊びを通して総合的に保育すること（傍線筆者）」と記されています。幼稚園教育要領でも保育

所保育指針でも、子どもたちの主体的な活動である遊びの重要性や、遊びを通して健全な発達が図れることが述べられています。さらに、子どもの遊びが充実するように適切な環境を用意すること、さまざまな役割を行いながら子どもの遊びを援助していくことが保育者として重要であると述べられているのです。ピアノの伴奏や絵本や紙芝居を読む技術は、子どもへの適切な援助の1つでありますが、それができるだけでは一人前の保育者になれないのです。このことは、実習生においても同じであるといえるでしょう。

子どもの遊びへの援助のむずかしさ

　子どもの主体的な活動である遊びに対して、適切な援助をしていくことは、それほど簡単なことではありません。実際にはベテランの保育者でも援助の方向がつかめなかったり、誤った援助をしてしまったりすることがあります。たとえば、子どもがダンボールに出たり入ったりして遊んでいる様子を見て保育者が「ダンボールをおうちみたいにしたら楽しいかもしれない」と考えて、子どもにそのことを援助しようとしても、子どもが出たり入ったりするという動きそのものを楽しんでいたり、家というイメージが子どもにわいていなければ、そうした援助は受け入れてもらえません。もしも、無理に保育者の思いを押し通そうとすれば子どもから遊びを取り上げてしまうことになるかもしれません。一方、子どもがダンボールに出たり入ったりすることに対して保育者が何の援助も行わなければ、しだいにその遊びにあきてしまい、楽しい遊びへと発展するチャンスがなくなってしまうかもしれません。前者は、「指導しすぎる」ことであり、後者は「援助がなさすぎる」ことといえるでしょう。

　小川博久は、保育者の子どもの遊びに対する保育者の援助について以下のように述べています。

　　保育における「指導」とは、原則的に援助でなければならない。そしてここでいう「援助」とは、幼児に対し、どうかかわることが可能なのかを見極めた上で、子どもが望ましい状態に達してほしいという<u>大人の願いを持って子どもとかかわることである</u>。傍線筆者（小川博久『保育援助論』萌文書林、2010年、p.5）

　つまり、子どもたちがどのようなことを楽しんでいるのか、どのような気持ちをもっているのか、どのような発達の姿を示しているのかなど、目の前にいる子どもの実態を見つめて、そこで理解できたことを土台にしながら、保育者がその子どもたちにどのような姿に育ってほしいかという願いを込めてかかわることが「援助」であるということが述べられています。

　しばしば、保育を知らない人は、保育者の仕事について「子どもと遊んでいるだけで楽しそうでいいね」などと言いますし、保育者を志望する人のなかにも同じような気持ちだけでこの仕事をめざした人もいるかもしれません。しかし、実際には小川

が述べているように、保育者は子どもに関するさまざまな知識や手がかりをもとにして、目の前にいる子どもに関する理解を行い、子どもの育ちの方向を考えながらもっともよい援助を模索しつつ子どもとかかわることが必要なことがわかります。そうした援助は、短期間に身につく力でもなく、また、常に自分の援助が適切だったかどうかを振り返るという「省察」によって身についていく力でもあります。だからこそ、保育者は専門性が必要な職業であるともいえるのです。

⑤ 本書について

　このテキストは、実習生が子どもの遊びにかかわるときにどのような視点をもって援助をしていくことが可能なのか、また、自分の援助が適切であったかどうかを振り返るときにどのような視点が必要なのかについて、遊びの特徴や魅力を伝えるとともに、子どもの育ちに即した援助について具体的な事例をあげながら解説しています。もちろん、適切な援助というのは1つだけではありませんから、ここでよい例として紹介されている援助であっても、いつもこのような援助をすればよいということを伝えているわけではありません。なぜならば、子どもは一人ひとり違いますし、同じような出来事が再び起こるわけではありません。また、子どもとかかわるみなさんも他の人とは異なる1人の個性ある人間ですから、そのときの状況のなかでその人ができるもっともよい援助を考えていくことが基本になります。

　しかし、本書で述べられている遊びの特徴や魅力、子どもの発達、園生活の時期などについての一般的な知識やそうしたときの援助のポイントがわかれば、援助の方向はずいぶんとつかみやすくなるはずです。実習生として、子どもと楽しく遊びたいと思ってかかわったのにもかかわらず、子どもが自分から離れていってしまったり、子どもの遊びが停滞や消滅してしまうばかりでは、自分の保育者としての適性について悩んでしまうことでしょう。そうならないためにも、それぞれの遊びの特徴をしっかりつかみ、子どもにふさわしい援助の実例を学ぶことで、実際の子どもとの遊びのなかで生かせるようにしましょう。

　本書は、①砂場、②鬼ごっこ、③ごっこ遊び、④粘土、⑤積み木、⑥ブロック、⑦製作、⑧運動遊び、⑨固定遊具、⑩ままごと、⑪水遊び、⑫自然とのかかわりというように、園生活のなかで子どもたちがよく行っている遊びについて、実習生としてどのような視点で援助を行えばよいのかを解説しています。

　それぞれの扉ページには、その遊びの魅力や子どもが実際にどのようにその遊びを展開しているかが紹介されていますので、その遊びの特徴などをつかむことができます。次に、その遊びの「援助のポイント」として援助を行うときに気をつけておきたいこと等が簡潔に示されており、引き続いて、実習生がよく抱く疑問点についてのQ&Aがあります。そのあとのページからは、低年齢児（0歳児〜2歳児）、3歳児、4

歳児、5歳児というように、子どもの発達を大きく4つに区分して、それぞれにふさわしい援助の例が示されています。より具体的にいえば、それぞれの年齢ごとに子どもの遊んでいる様子と実習生が実際に行った援助の事例がはじめに記されており、その後に子どもの遊びの読み取りや実習生の援助についてのくわしい解説が記され、実習生の援助として評価できる点、工夫すべき点、子どもへの理解を深めるべき点などが事例に即して具体的に示されています。

　ここで、気をつけていただきたいのは、子どもの年齢についてです。たとえば「1歳児」と表記をしている場合には、1歳児クラスの子どもという意味で示しています。つまり、実際の年齢でいえば1歳と2歳の子どもが混ざっている状態になります。また、子どものクラス年齢だけでなく、この事例が何月の様子であるかがわかるようにもなっています。それは、同じ3歳児クラスの子どもであっても進級したての4月のころと集団に落ち着きが見られる10月ころ、あるいは、進級や就学を迎える3月ころとでは、子どもの育ちの姿に大きな違いが見られるからです。事例や解説をお読みいただくときには、そのような点も確認して読んでいただくと実際の子どもの姿とより明確に結びつくと思います。

　また、最後には、CHECK POINTが示されており、解説されている部分のなかでとくに重要なポイントを簡潔にまとめてあります。コラムには、その遊びに関連した知識や情報を紹介していますので、この部分もお読みいただくと知識が豊富になり、また、その遊びへの理解もより深くなることでしょう。ぜひ、子どもの理解に基づいた適切な援助ができる心温かい保育者をめざしてがんばっていきましょう。

　最後に、**それぞれの年齢の子どもたちの発達の特徴について、保育所保育指針の発達過程を参考にしながらまとめたものを以下に記します。子どもの発達について確認をしたいときに活用してください。**

(1) 0～2歳

　このころの子どもたちの発達は、非常に著しいものです。産休明け（生後28日目）で保育所にくる子どもたちは、まだ首がすわっていませんが、泣き声や表情で自分の思いを表現しようとしています。この時期は視覚や聴覚などが目覚しく発達するので、しっかりと抱いて目と目を合わせて声をかけるなどのかかわりが必要です。特定の大人との信頼関係をつくる大事な時期ですので、ていねいな個別の援助を重視しましょう。

　首がすわったあとは、寝返りを打てるようになったりして、生後6か月ころから座る、はうなどができるようになります。座れることで両手が使えるようになるとできる遊びがぐっと増えてきます。

　生後8か月ころからはじまるつたい歩きを経て、1歳3か月ころまでには一人歩きができる子どもが多くいます。ただし、個人差も大きい時期です。歩けるようになり、自分の意志で自由に動けるようになると、探索活動はより活発になります。さまざまなものに興味をもち、自由になった手でものを打ちつけたりたたき合わせたり、

ものを引っ張ったりつまんだりするようになるので、安全への配慮は重要です。また、三項関係（もの↔自分↔人）の成立といわれる指さしを行うようになります。指をさして自分の思いを伝えようとしている子どもとの共感を大切にかかわりましょう。言葉の発達も、生後2か月ころからはじまるクーイング（泣き声以外の声）から、「マー」「アー」などの喃語、「ダダダ」「ママママ」などの反復喃語を経て、1歳ころには「マンマ」「ワンワン」などの一語文を獲得します。言葉や声によるやりとりを楽しめるような援助をするとよいでしょう。また、生後8か月ころから、近しい人と見知らぬ人との区別がはっきりしてくるので、人見知りもはじまります。実習生に対しても人見知りをして泣く、拒否するなどの反応を見せる子どももいますが、一緒に生活したり、担当保育士と実習生が親しくしているのを見て安心するようになるなど、しだいに慣れてくることが多いので、子どものペースに合わせたかかわりをするとよいでしょう。

1歳半から2歳にかけて、「マンマ　ホチイ」などの二語文を獲得するようになり、指さしや身振りを伴いながら、自分の思いを積極的に伝えようとします。また、大人の身振りのまねをしたり、イメージを使って簡単な見立てができるようになります。友達や周囲の人への関心も高まるので、友達の模倣したり、同じ玩具をほしがったりもします。

2歳になると、歩いたり走ったり跳んだりなどの基本的な運動機能が伸び、自分の体をさらに動かせるようになります。走るだけでなく、ボールを蹴ったり投げたりも少しできるようになり、もぐる、くぐるなどの多様な動きも可能になります。自分のしたいことやしてほしいことを言葉で伝えられるようにもなり、自己主張を言葉で強く表すこともあります。象徴機能が進み、遊具を実物に見立ててのふり遊びやままごとなどのごっこ遊びなどを楽しめるようにもなります。反面、友達と一緒に遊びながらも、自分の思いを通そうとすることも多く、「いや」「だめ」「○ちゃんが！」など思いどおりにしようとしたり、また、思いどおりにいかないとかんしゃくを起こしたりもしますが、こうした姿は自我の芽生えでもあるので、子どもの思いをしっかりと受け止めながら、他の子どもの思いや周囲の状況をていねいに伝えると、しだいに自分の気持ちを静めることもできるようになってきます。

(2) 3　歳

基本的な運動能力が育ち、歩く、走る、跳ぶ、押す、引っ張る、投げる、転がる、ぶら下がる、またぐ、蹴るなどの基本的動作ができるようになり、戸外で十分に体を動かすことで身体感覚を高めていくようになります。友達とのかかわりも多くなり同じ遊びを楽しみますが、まだ、それぞれが自分の遊びを楽しんでいる段階です。しかし、少しずつ、順番を守る、友達と分け合うなどのきまりもわかってきます。周囲の大人に対する興味や関心がより高くなり、ごっこ遊びに取り入れたりします。言葉の発達も目覚しく、語彙が増えるとともに、「なぜ」「どうして」などの質問を盛んにして、大人との言葉のやりとりができることに喜びを感じます。また、自分のことを

「ぼく」「わたし」と言うようにもなり、自分に対する認識や周囲の人との関係について理解をしはじめます。基本的な生活習慣は、ある程度自立します。

(3) 4 歳

　全身のバランス能力が発達し、片足跳びやスキップなど、巧みな運動ができるようになります。全身を使って遊具で遊び、むずかしい課題にも挑戦するなど、運動量は増します。手先も器用になり、はさみが使えたりひもを結んだりができるようになります。身近な自然へのかかわりが増え、草花や木の実、虫、砂、土などと全身の感覚を使ってかかわります。また、想像力が豊かになり、現実に体験したことと、絵本などで見聞きしたことを重ね合わせてイメージをふくらませ、遊びに活かそうとします。目的をもって行動することもできるようになるため、こうしたいという思いをもってつくったり描いたりするようになりますが、反面、自分の思いどおりにできないことに対して葛藤を体験したりします。仲間とのつながりがとても大事になってくるため、自己主張だけでなく相手の主張も受け入れることができるようになると同時に、競争心も芽生えてきます。

(4) 5 歳

　基本的な生活習慣が身につき、生活に必要なことはほとんどできるようになります。運動機能も高まり、縄跳びやボール遊びなど複雑な運動もできるようになります。心肺機能が高まるので鬼ごっこなどの集団遊びでも活発に体を動かします。手先も器用になり、小さなものをつまむ、ひもを結ぶ、雑巾を絞るなどの動作もできるようになります。目的をもって仲間と遊ぶことを楽しむようになり、遊びのなかで言葉を交わしたり、話し合いをしたりして、遊びを仲間とともに工夫する姿も見られるようになります。けんかが起きても、自分たちで解決しようとするようになり、自分たちできまりをつくったりもします。また、集団の1人としてルールを守ろうとし、みんなのことを考えて行動するなどの社会性の育ちも見られます。

(5) 6 歳

　全身運動がさらに滑らかになり、跳び箱や竹馬などむずかしい運動に挑戦できるようになります。これまでの経験を活かして自信をもって行動することが多くなります。また、予想を立てたり、見通しをもったりして行動できるようになります。集団遊びを活発に展開し、遊びのなかで役割分担をしたり、協力し合いながら遊びを発展させていくことを楽しむようになります。さまざまな知恵を働かせて、遊びをよりおもしろくしようとすることに力を発揮します。自分の主張ばかりするのではなく、主張をゆずって仲間と協調したりするなど、仲間の意見や立場に対する理解もできるようになります。思考力や認識力が高まり、自然や社会の事象、文字や数などにも興味や関心をもち、それらを遊びのなかに取り入れたりもします。大人の言動にも関心が高く、ときには批判したり自分の意見を言ったりするようになります。

Practice 実践 1

砂　場

　幼稚園や保育所では、あきることなく毎日のように砂場で遊ぶ子どもたちの姿を見ることができます。砂場の何がこんなに子どもたちを魅了するのでしょうか。砂場で遊ぶ子どもたちの姿をよく見ていると、子どもにとっての砂場遊びの魅力が見えてきます。

　1つめは、何といっても砂の感触でしょう。サラサラとした砂を握っては放すことをくり返す子どもの姿をよく目にします。砂にはじめてふれたとき、その砂の感触はほかのものにはない独特な感触に違いありません。また、水を含んだ砂のドロドロとした感触も何ともいえないものです。子どもたちは手で、足で、全身でその砂の感触を味わうことに一心になっています。

　2つめに、砂には自由に形をつくることができる楽しさがあります。砂は水を少し含むことでまとまり、形をつくることができます。砂を丸めて泥団子をいくつもつくる子ども、容器に砂を詰めて型抜きを楽しむ子ども、山やトンネル、川をつくる子どもなど、さまざまな形をつくって遊ぶ子どもたちの姿が目に浮かびます。そしてそれを何かに見立てることがまた楽しいのです。

　3つめに、砂にはその状態をさまざまに変える不思議さがあります。白いサラサラとした砂や少し湿った黒い砂、もっと水を含むとドロドロの状態になります。子どもたちはいろいろ試しながら砂の変化を楽しんでいるようです。

 # 砂場　援助のポイント！

砂場は、時折掘り起こして遊びやすい状態にする

砂場は放っておくと、砂が固まり、力の弱い子どもたちにとっては遊びにくい状態になってしまう。砂場は時折シャベルで掘り起こし、空気を含ませて子どもたちの手でも掘りやすい状態にしておくことが大切である。

砂場は、衛生面・安全面に留意し管理する

砂は子どもたちが手や足で直接ふれるものであるだけに、衛生面や安全面において細心の注意を払うことが重要である。たとえば、ネコ等の動物の糞尿が入らないように使用しないときにはシートをかぶせておいたり、必要に応じて消毒することも重要である。また、壊れたプラスチック遊具の破片など、子どもたちを傷つけるようなものが落ちていないか、毎朝チェックすることが大切である。

砂の感触を全身で味わう体験を大切にする

砂の魅力にはいろいろある。砂はさまざまなものを形づくることができるのも魅力の1つであるが、まずはその感触を楽しむことを大切にしたい。低年齢の子どもはもちろんのこと、年長児であっても砂の感触を全身で味わう体験を大切にしたいものである。

汚れることを気にせずに遊べるようにする

砂で思い切り遊ぶためには、汚れることを気にせず遊べるように、裸足になったり、季節によっては水着になったりして遊べるような援助も必要である。遊んだあとは足などを洗うためのシャワーや水をはったタライ、タオルなども用意して、気持ちよく遊びを終えられるようにしたいものである。

水を含むことで変化する砂のおもしろさを味わえるようにする

砂は水との相性が抜群である。砂は水を含ませることによってその状態が変化していくおもしろさがある。砂場遊びでは、バケツやジョウロなど水が使いやすいような環境を用意することも大切である。

見立て遊びが楽しくなる環境を用意する

砂でつくったものを何かに見立てて遊ぶことは楽しい。お皿やコップ、木の葉や木の実、小石等の自然物があれば、子どもたちのイメージがもっと豊かになることだろう。こうした見立て遊びが楽しくなる環境を子どもの遊びのイメージに合わせて用意することも大切である。

友達と楽しめるような場づくりをする

4歳過ぎころになると友達とのやりとりを楽しみながら遊びが展開される。限られた砂場のスペースだけでなく、砂場の周辺も利用して友達とゆったりかかわりを楽しめるような場づくりをすることも大切である。

砂場一面を使ってダイナミックに遊べるようにする

子どもたちはさまざまにイメージをふくらませ、山や川、池、道路等、街を構想して砂でつくり上げていくことを楽しむこともできるようになる。ときには、砂場一面を使ってダイナミックに遊べるようにすることも大切である。

 実習でこんな場面に出会ったらどうかかわる？

Q 泥遊びのとき靴や靴下は脱がせたほうがいいの？

子どもたちが砂場で泥だらけになって遊びはじめました。靴や靴下を脱がせたほうがよいですか。

A 4、5歳児にもなれば、砂場で遊ぶときに汚れないように自分で袖をまくったり、靴や靴下を脱いだりすることもあるので、子どもの動きに合わせましょう。しかし、まだ年齢が低い子どもの場合は、袖をぬらしてしまったり、泥だらけにしてしまうこともよくあります。ときに手を貸して袖をまくるなどの援助が必要になります。

しかし、子どもが裸足になるかどうかの判断は、季節や気温、その後の活動に支障はないかなども考えて判断する必要があります。子ども一人ひとりの体調やその後の活動の流れ等は、実習生ではわからないこともあるので、担任保育者に確認してから対応するようにするとよいでしょう。

Q 「明日も続きをする」と子どもが片づけないときは？

子どもたちが砂場一面を使って山や川、線路や駅等、街をつくり上げました。帰りの時間になったので片づけるよう声をかけましたが、子どもたちは「残しておきたい」「明日も続きをする」と言っています。どう対応したらよいのでしょうか。

A 4、5歳児になると遊びが翌日にも継続することがあります。砂で一生懸命つくったものをかならずその日のうちに壊して片づけてしまわなければならないのでなく、ときには遊びの続きができるよう砂場でつくったものを翌日まで残しておいてもよいでしょう。担任保育者に相談し、他の保育に支障がないようでしたら残しておいてあげましょう。ただし、当たり前のことですが、遊具などはきちんと片づけて、場を整えておくことは必要です。とっておくことがむずかしい場合にはその理由を子どもにわかるように説明して、「またつくろう」と思えるような気持ちになれるように援助できるとよいでしょう。

砂　場

1歳を過ぎると、運動機能の発達に伴い、環境に働きかける意欲もいっそう高まってくるので、子どもたちは砂場の砂にもおおいに興味を示します。他のものとは違った砂の感触の不思議さを味わう姿が見られることでしょう。なかにはそれを口で確かめようと砂を口にしてしまうこともあります。また、スコップで砂をすくってみたり、バケツに砂を入れてみたりと、いろいろなやり方で砂へのかかわりを試しています。

事例　「あーあー、壊れちゃった」

5月
1歳児
4人

ユウト マミ キリ アリサ

　子どもたちが園庭の砂場で遊びはじめた。マミは砂場に座りこむとさっそく、両手を広げて左右に動かし砂場の砂を手のひらでさわっている。しばらくすると砂をつかんでは手を広げ、砂が落ちていく様子をくり返し楽しんでいる様子である。キリは、スコップで砂をすくっては自分の足にかけて遊んでいる。保育者がキリの足に砂をそっとかけるとうれしそうに笑う。アリサはバケツを見つけてもってくると砂を手ですくって入れ、保育者に差し出す。保育者がスコップでバケツのなかに砂を入れると、アリサはバケツを逆さにして砂をこぼし、にこにこしている。保育者がまたバケツに砂を入れると、砂をこぼし空のバケツを保育者に差し出すことを楽しそうにくり返している。
　実習生はこのようななか、ユウトの前にカップで型抜きをつくってみせた。ユウトは砂の型抜きに手を伸ばしふれると、ふれたところが崩れてしまった。ユウトはさらに砂の型抜きを手のひらでぐちゃぐちゃに崩し実習生を見て笑っている。実習生は「あーあー、壊れちゃった」と声をかけると、ユウトはにこにことうれしそうに「あーあー」と応え実習生を見ている。そんなユウトに実習生はスコップを渡した。
　となりで見ていた保育者はユウトの前に型抜きをつくってみせた。するとユウトは嬉々としてその型抜きを手でぐちゃぐちゃに壊してうれしそうに保育者の顔を見ている。保育者が「あーあー」と言うと、ユウトも「あーあー」とうれしそうである。実習生はその様子を見て、再びユウトの前に砂の型抜きをつくった。するとユウトはうれしそうに型抜きを壊して「あーあー」と言う。実習生もユウトとともに「あーあー」と言ってほほえんでいる。ユウトと実習生は何度となくこの遊びをくり返していた。

① それぞれのやり方で砂へのかかわりを楽しむ

　1歳児の子どもたちはそれぞれのやり方で砂へのかかわりを楽しんでいるようです。マミは、手のひらを左右に動かすことでその感触を楽しんでいます。また、キリはシャベルで砂をすくうことを楽しんだり、その砂を足にかけて足でも砂の感触を味わっているようです。アリサは、バケツの砂をこぼすことが楽しいのでしょうか。保育者にバケツに砂を入れてもらってはこぼすことを何度もくり返しています。ユウトは、型抜きを壊すのが楽しいのか、壊れて「あーあー」と言うことが楽しいのか、その両方を楽しんでいるのではないでしょうか。

② 壊すことの楽しさに共感してかかわる

　ユウトは砂の型抜きを壊すということに興味をもったと思われます。しかし、実習生はそのことを最初理解していなかったようです。実習生はそのことに共感できず、型抜きが壊れてしまった残念な思いを「あーあー、壊れちゃった」と言葉にしたあと、ユウトにスコップを渡して別の遊びに誘いました。しかし、ユウトは実習生がまた型抜きをつくってくれることを期待して実習生を見ていたのではないでしょうか。ユウトのうれしそうな表情からそのことが読み取れます。そのことをすぐに理解した保育者は実習生の代わりにユウトに砂の型抜きをつくって見せました。ユウトはうれしそうに型抜きを壊します。そして、もう1つ期待していた「あーあー」という言葉を保育者が発すると、うれしそうにユウトも「あーあー」と応えています。ユウトにとって型抜きを壊すこと、壊してしまって「あーあー」と言うことがとても楽しいのです。保育者の援助によって、実習生もそのことにすぐに気づいたようです。その後は何度も砂の型抜きをつくってユウトに差し出しています。そして、ユウトとともに実習生も「あーあー」と言うことを楽しんでいます。

　この時期の子どもは何かをつくることよりも壊すことや感触に楽しさを感じることが多いようです。何度も同じことをくり返して遊ぶのもこの時期の子どもの特徴です。こうした保育者や実習生とのやりとりを中心とした遊びをくり返し楽しめるようなかかわりが求められるのです。

> **CHECK POINT**
> - 一人ひとりの砂へのかかわり方を大切にし、そこで子どもが何を楽しんでいるのかを理解する
> - 保育者や実習生とのやりとりを中心とした遊びをくり返し楽しめるよう援助する

砂　場

　この時期は、友達への興味が高まり、かかわりが増えますが、一緒に遊ぶというよりは同じ場で同じものをもちながらも一人ひとりが自分のイメージで遊ぶことが多いものです。砂場は場所が限定されており、友達と場の共有がしやすく、また同じ砂の感触を味わう体験を通して、一人ひとりが自分のやりたいことを楽しみながらも友達とのかかわりを結びつけてくれたりします。

事例　「バシャバシャ、ドロドロ、楽しいね」

6月
3歳児
3人

　登園後、身支度をすませた子どもたちは園庭に出て遊びはじめた。ケイト、シュンスケ、コウタはさっそく、砂場に入り、それぞれシャベルをもって砂をすくったり、手で砂を掘ったりしている。保育者が砂場の横に水をはったタライを用意すると、ケイトがいち早く見つけてバケツで水をすくいジャーと砂場に水を流す。それを見たシュンスケ、コウタもバケツをもってきて同じようにジャーと水を流している。実習生は水の

湿った砂でお団子をつくり「はい」とケイトに差し出すが、ケイトは受け取ったお団子を握りつぶし、また水を汲んではジャーと流し、楽しそうである。シュンスケ、コウタも同じように水を汲んでは砂場に流すことをくり返し楽しんでいる。
　しばらくすると砂場に大きな水溜りができて、今度はその水のなかに手を入れてバシャバシャと水をかき混ぜたり、ドロドロになった砂をすくったりして遊びはじめた。保育者が「裸足になろうね」と子どもたちの靴と靴下を脱がせると、さっそく水溜りのなかに足を入れるケイト。シュンスケとコウタは「キャー」と歓声をあげながら、水溜りのなかで足をバシャバシャとバタつかせている。すると、ケイトも水のなかで足をバタつかせ「キャー」と歓声をあげる。実習生は「砂場に大きなお池ができたね。こっちにお山もつくろうか」と、水溜りの横に山をつくりはじめるが、3人は水溜りの泥を手足でバシャバシャさせている。

① 思いっきり砂の感触を楽しませたい時期

　この事例の3人の男児は、砂場で何を楽しんでいたのでしょうか。水を砂場に運んで流す場面では、水の感触や水が流れる「ジャー」という音、水が砂のなかにしみこんでいく様子、砂に水がたまっていく様子などを楽しんでいたのかもしれません。砂場に水溜りができると、今度は水と砂とが混ざり合ってドロドロになったその感触を手だけでなく、保育者の援助により足も使って味わっている様子が読み取れます。

　また、3歳児のこの時期は、まだ友達同士のやりとりを楽しみながら遊びを進めていくことはむずかしくても、友達と同じことをすることを楽しみます。この事例の3人は、バケツで水をジャーと流す行為や水溜りのなかで足をバタつかせ「キャー」と声をあげる行為を友達と共有し楽しんでいるのではないでしょうか。

② 型にとらわれず砂の感触をともに楽しむかかわりを大切にする

　実習生は子どもたちにお団子や山をつくって見せたりしています。一見、楽しい遊びをうまく子どもに提示しているようですが、水や砂の感触を味わうことを楽しんでいたこの3人の男児にとっては、それほど魅力的なものではなかったようです。

　それでは、どのように援助すればよかったのでしょうか。「子どもたちが今何を楽しんでいるのか」ということを理解することからはじめましょう。水に手を入れたときの子どもの表情や水溜りに足を入れてバタつかせている身体の躍動等を観察してみると、子どもたちが何を楽しんでいるのかが理解できるでしょう。また、子どもと同じことをしてみるのもよいでしょう。同じことをすることで、何が楽しいのか実感できます。この場合、実習生も裸足になって水や砂、泥の感触をともに味わい、その楽しさに共感することもできたのではないでしょうか。ともに楽しんでくれる実習生の存在は子どもたちを安定させ、遊びをより楽しいものにしてくれるでしょう。

　砂場遊びといえば、すぐにお団子づくり、山づくりが思い浮かぶかもしれません。しかし、子どもたちは砂でさまざまな遊びを楽しんでいます。とくに砂の感触は子どもたちにとって魅力的なものです。型にとらわれず、子どもの遊びをまっすぐに見つめる目と心を大切にしたいものです。

▶▶▶ CHECK POINT
- 砂の感触を楽しむ姿を大切にする
- 子どもとともに砂の感触を味わい、楽しさを共感する
- 友達と同じことをする楽しさに気づき、見守る

 砂　場

　この時期の子どもは、想像力が広がり、友達とイメージを共有しながら想像の世界のなかで遊ぶことを楽しむようになります。砂は容易にさまざまなものを形づくることができ、子どもたちのイメージをふくらませてくれます。つくったものを見立てて、友達とやりとりを楽しみ、ごっこ遊びへと発展することもあります。

 事例　「私もプリンケーキつくろう」

11月
4歳児
5人

サヤカ
ミワ
他3人

　砂場の縁にはサヤカとミワのつくった砂のプリンがたくさん並べられた。そこへ実習生がやってきて、「なんだか、おいしそうね」と声をかける。サヤカはすぐに「そうだよ。プリンつくったの。食べる？」とうれしそうである。実習生は「ありがとう。いただきます」と大きな口を開けてプリンを食べるまねをし、「おいしいプリン、ごちそうさま。またごちそうしてくださいね」と笑顔で応えその場を離れた。
　サヤカとミワは、「もっとつくろう」とプリンづくりに精を出している。ミワは、「そうだ！」と今度はバケツをもってきて大きなプリンづくりをはじめた。大きなプリンが完成すると、2人は実習生を呼びに行き「大きなプリンできたよ。食べにきて」と声をかけた。実習生はミキ、マリ、エリカとドングリや落ち葉拾いをしていたが、「ほんとぉ！　大きなプリン、みんなで食べにいこうか？」とミキたちにも声をかけて、みんなで砂場に向かった。サヤカとミワは得意げにバケツでつくったプリンを見せ、「どうぞ食べてください」と言う。実習生が「これだけ大きかったら、みんなで食べてもお腹いっぱいになるね。いただきます」と言うと、みんなバケツプリンを崩しながら食べるまねをして「おいしいね」と互いに顔を見合わせている。食べ終えると実習生は「ごちそうさま。お礼にこれをあげるね」とサヤカとミワにドングリを差し出した。ミキも「わたしも、お礼」と言って落ち葉を1枚渡す。マリとエリカも「お礼」と同じようにドングリを渡した。
　サヤカはもらったドングリと落ち葉を見て、「そうだ！」と砂場の縁に並べられたプリンに飾りはじめる。ミワも一緒になってドングリを飾り、「プリンケーキだね」と言う。それを見ていたミキたちも「私もプリンケーキつくろう」と仲間に加わった。サヤカは「もっとドングリほしい。どこにある？」とミキにたずねている。

① 砂でつくったものを見立てて楽しむ

　サヤカとミワは最初、カップで砂の型抜きをつくることそのものを楽しんでいたのでしょう。その証拠にいくつもつくって並べています。しかし、いくつもつくっていくうちに、それをプリンに見立てることにその楽しさが移っていったようです。また、見立てたプリンを誰かに食べてもらったり、お礼にドングリや落ち葉をもらうなど、そのやりとりがまたこの遊びをよりいっそう楽しいものにしています。

　お礼にもらったドングリや落ち葉は、サヤカとミワの遊びのイメージをさらに広げて豊かにし、そのことでその遊びが他の子どもたちにも広がっていったようです。

② 子どものイメージの世界を大切にかかわる

　この実習生の子どもたちへのかかわりは、子どもの遊びをより楽しいものとし、また友達とのかかわりを広げるものとなりました。

　実習生の「おいしそうね」という言葉かけや、大きな口を開けて食べるまねは、プリンのイメージをより豊かなものとすると同時に、サヤカとミワの「もっとつくろう」という意欲につながり、ミワの大きなバケツでプリンをつくろうという発想をも生み出しました。何よりも実習生自身が子どものイメージの世界に入り込み、一緒に楽しむことで子どもたちの遊びがさらに楽しいものへとつながっているのです。

　また、実習生は別にかかわっていたミキ、マリ、エリカもうまく誘い込む形でサヤカとミワの「食べてほしい」という思いに応えることができています。サヤカとミワは、自分たちのつくったバケツプリンを実習生だけでなくミキたちにも食べてもらい満足したことでしょう。さらに、お礼にミキたちと一緒に拾ったドングリを差し出したことで、「どんぐりと落ち葉のプリンケーキづくり」へとイメージが広がって遊びが楽しく展開し、そのことでミキ、マリ、エリカとの結びつきも生まれたのです。

　この時期の子どもたちは、イメージの世界を豊かに広げていきます。そうした子どものイメージの世界を大切にしたかかわりがとても大切になります。また、それぞれのイメージを友達と共有しながら遊びを進めていけるような援助が求められます。

▶▶ CHECK POINT

- 子どものイメージの世界を一緒に楽しむ
- 無理なく子ども同士の遊びをつなげる
- イメージを豊かにする素材を提供する

砂場

　この時期になると、言葉によって共通のイメージをもって遊んだり、一緒に物事を進めていくことができるようになります。砂場では、友達と話し合いながら協力して1つのものを一緒につくり上げる姿もよく見られるようになります。砂場という1つの場を共有し、互いのよさを発揮しながら役割分担などもして、遊びを進めていくことを経験します。

 「ここ山にする？」

5月
5歳児
5人

ヨウスケ
ジュンキ
ユウタ
他2人

　ヨウスケとジュンキは、園庭に出るとすぐに裸足になり砂場に向かった。ヨウスケが「ここ山にする？」とジュンキに聞くと、「うん。ここ山ね。富士山にしようぜ！高い山だ」とジュンキ。2人は張り切って砂の山をどんどんつくっていく。そこへ、ユウタも「いれて」と入ってくる。「じゃあ、山つくるの手伝って！」「高い山だよ」とヨウスケとジュンキ。高く大きな山ができてくると、「かたくしてトンネルつくろうよ。おれはこっちから掘る」とユウタ。「じゃあ、おれはこっちから掘る」とヨウスケ。ジュンキは、「川もつくろう。川はおれがつくる」と川をつくりはじめる。
　このようななか、実習生は「楽しそうね、先生も入れて」と子どもたちのなかに入っていく。3人は「いいよ」と笑顔で実習生を受け入れ、「ここは富士山。高い山にするんだ」「トンネルもつくるんだよ」「ここは川が流れるんだよ」とうれしそうに説明をする。実習生は「そう、すごいわね」と受け止め、「じゃあ、先生はここに池をつくろうかしら。そうだ、この池と川をつなげてみよう」と池をつくりはじめる。3人は実習生のつくる池に興味を示し、一緒に池を掘りはじめる。池ができあがると、実習生は「じゃあ、池をここの川とつなげて、トンネルと川もつながるようにしよう」と3人に声をかける。3人は実習生の言葉を受けて、楽しそうに川を掘っていく。富士山のなかを通るトンネルは川へ抜け、川が池につながると、実習生と3人は「できた」と顔を見合わせて喜んでいる。実習生は「水を流してみようか」と3人に声をかけ、3人はバケツに水を汲んでくる。ヨウスケが一番先に水を流すと、水はトンネルのなかを通って川へ流れ出た。次にジュンキがトンネルから水を流すとさらに水は川の先を流れていく。そしてユウタも続いて水を流す。あと少しで池まで届きそうである。何度も水を汲んでは流し、とうとう池まで水がたどりつくと「ヤッター」と歓声を上げ大喜びの3人である。楽しそうな様子に、マサシ、ヒロトも加わり、その後、池に水がたくさん溜まるまでみんなで水を流しては遊んでいた。

①　イメージを伝え合いながら友達と協力してつくる楽しさ

　3人の男児は、富士山のような高い山やその山を通るトンネル、また山のふもとを流れる川など、それぞれがイメージしたことを伝え合いながら自分たちで遊びを進めています。自分のイメージを言葉にし、また友達のイメージにふれることにより、遊びがより豊かになっているのです。また、友達と協力して、自分たちがイメージしたものをつくり上げることの喜びを感じているのではないでしょうか。

②　子どもたち同士で遊びを進めていく姿を大切にする

　実習生は、子どもたちの楽しい遊びの様子に魅かれたのか、「楽しそうね、先生も入れて」と自然に子どもたちのなかに入ることができています。子どもたちは実習生に自分たちの遊びを「ここは富士山……」などと説明し、それを実習生が「そう、すごいわね」としっかり受け止めることで子どもたちも満足している様子です。
　その後、実習生は「……ここに池をつくろうかしら。そうだ、この池と川をつなげて、トンネルと川もつながるようにしよう」と子どもたちに提案しています。この提案により、子どもたちの遊びは、高い富士山のトンネルから川に抜け、川が池につながり、そこを水が流れるという楽しいものに発展しているのです。しかし、よく考えてみましょう。実習生がかかわるまえでは、子どもたちだけで「富士山にしようぜ！　高い山だ」「かたくしてトンネルつくろうよ。おれはこっちから掘る」「川もつくろう。川はおれがつくる」と、自分がイメージしたことを言葉にし、友達と役割分担をして協力しながら遊びを進めることができていました。実習生の提案がなくても、子どもたちの発想や力で遊びを楽しく展開できたのではないでしょうか。

　援助においてもっとも大事なことは、子どもの主体性です。この実習生のかかわりは、一見遊びを楽しく発展させたよいかかわりにも思えますが、主体が子どもではなく実習生にあったといえます。この場合、実習生から遊びの提案をするまえに、子どもの発言や行動をもう少し待ったり、子どものイメージを引き出すような言葉かけをすれば、もっと子どもが主体となった遊びが展開されたのではないでしょうか。

▶▶▶ CHECK POINT
- 子どもたちの楽しさを受け止め、共感する
- 子どもたちの発想や遊びを進めていく力を信じ、主体性を大切にする
- 子どものイメージを引き出すような言葉かけをする

Column　砂場遊びをもっと楽しくする道具・素材

　　子どもたちの大好きな砂場。砂にさわるだけでも楽しいですが、こんな道具や素材があったら砂場遊びがもっと楽しくなるでしょう。

❋　砂場用遊具

　シャベル、バケツ、ジョウロ、お皿等、砂場には砂や水をすくったり、入れたりして遊ぶさまざまな遊具があります。こうした遊具は砂場遊びをより楽しいものにしてくれます。

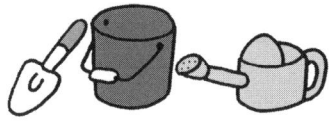

❋　空き容器や牛乳パック

　プリンカップや牛乳パック等の廃材も砂場にあると楽しいです。型抜きを楽しんだり、容器にして遊びます。マヨネーズやケチャップの容器は、水や泥を入れて、砂の調味料になるでしょう。

❋　いらなくなった料理器具

　おなべやフライパン、おたまやフライ返し等、家庭にあるいらなくなった料理器具を使って遊びます。砂場には、小さなコックさんがたくさん見られることでしょう。子どもたちは本物の道具が大好きです。

❋　雨どい

　砂でつくった山やトンネル、川に雨どいをつなげて置き、水を流して遊びます。雨どいを工夫して置くことで、さまざまな水の流れを楽しみます。

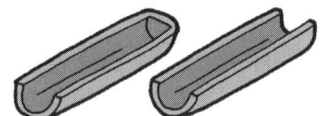

❋　自然物

　園庭や近くの公園を見渡すと、どんぐりやまつぼっくりなどの木の実、いろいろな色や形の木の葉、小枝や花びら、小石などさまざまな自然物を見つけることができるでしょう。これらを使って、砂のケーキやプリンを飾ります。

Practice
実践 2

鬼ごっこ

　子どもたちは、広い園庭を走りまわることが大好きです。運動機能の発達が著しい子どもたちにとって、ただ走りまわるだけでも楽しいものですが、鬼から逃げたり、鬼になって追いかけたりする鬼ごっこは魅力的な遊びの1つでしょう。

　鬼ごっこには数えられないくらいの種類があります。ジャンケンで鬼をきめてその鬼に捕まらないように逃げるという単純な鬼ごっこから、「高鬼」のように安全地帯をつくって遊ぶ鬼ごっこ、「ドロケイ（ケイドロ）」のように追いかけるチームと追いかけられるチームに分かれて遊ぶ鬼ごっこなど、あげたらきりがありません。鬼ごっこは、人数や地形、状況によって工夫したり、ルールを変えたりしながら遊ぶことができることも魅力です。ルールを変えることで、小さな子どもから大きな子どもまで鬼ごっこを楽しむことができます。

　小さな子どもは大人から追いかけられることが大好きで、最後には大好きな大人に捕まえてもらうことをとても喜びます。もう少し大きくなると、逃げることだけでなく、追いかけることも楽しくなります。そして、しだいに複雑なルールの鬼ごっこを友達と楽しむようになります。頭を使って作戦を立てたり、友達と協力して捕まえたり、捕まらないようにしたりすることも楽しいのでしょう。

 # 鬼ごっこ　援助のポイント！

思い切り走りまわれるスペースをつくる

鬼ごっこを楽しむには、思い切り走りまわれるスペースが必要である。ものや友達とぶつかってしまうような環境では、思う存分、逃げたり、追いかけたりすることを楽しめない。園内に鬼ごっこができそうなスペースを確保できるとよいだろう。状況に応じて、移動可能な遊具をどかすなどして、子どもたちが思い切り走りまわれるスペースをつくる。場合によっては、園外に出かけていくこともよいだろう。

安全に走れる空間をつくる

室内で鬼ごっこをするときには、床がすべりやすくなっていないか、転んだときに頭をぶつけてしまうようなものがそばにないかなどに留意しよう。園庭では、転んだときにケガをしてしまうような大きな石やとがった石、プラスチックの破片などが落ちていないかも確認することが大切である。子どもたちが安全に走れる空間づくりが重要である。

簡単なルールの鬼ごっこから楽しむ

鬼ごっこといっても、簡単なルールから複雑なルールまで、多くの種類の鬼ごっこがある。いきなりむずかしいルールの鬼ごっこをやろうとしても子どもたちは楽しめない。簡単なルールの鬼ごっこから楽しめるようにするとよいだろう。子どもたちの発達の状況にあった鬼ごっこを楽しめるようにすることが大切である。

実際に活動しながらルールを伝える

鬼ごっこにはルールがある。鬼ごっこによってもそのルールはさまざまだが、はじめて行うときにはそのルールを子どもたちが理解し、楽しめるようになるまでは保育者がそばで援助することが必要である。実際に活動しながら、その鬼ごっこのルールや楽しさを伝えていくことが大切である。

年長児から年少児への伝承を大切にする

保育者が子どもたちにさまざまな鬼ごっこを伝えていくことは大切である。しかし、伝えていくのは保育者ばかりではない。年少児が、鬼ごっこを楽しんでいる年長児の姿を見て、興味をもったり、参加してみたくなることはよくある。このような姿をとらえ、異年齢のかかわりのなかで、年長児から年少児へ伝承していく姿を大切にしたいものである。

子どもたちでルールをつくっていけるようにする

子どもたちは、鬼ごっこを通してきめられたルールのなかで遊ぶ楽しさを味わう。しかし、遊んでいくなかで、そのルールでは困った状況も生まれることがある。このようなとき、はじめのルールにこだわるのではなく、子どもたちがその状況に合わせて自分たちでルールをつくっていけるような援助が大切になる。また、子どもたちの豊かな発想を引き出しながら、もっと楽しくするために柔軟にルールを変えていけるようにするとよいだろう。

 実習でこんな場面に出会ったらどうかかわる？

 鬼になることを嫌がる子どもたちと鬼ごっこをどう楽しんだらいいの？

子どもたちに誘われて、鬼ごっこをすることになりました。最初は私が鬼になりましたが、子どもたちを捕まえても誰も鬼になろうとしません。A君を捕まえたとき、「鬼になって」と言うと、泣き出してしまいました。どのように対応したらよかったのでしょうか。

 子どもたちは、追いかけることよりも、追いかけられることを楽しんでいるのでしょう。ですから、鬼になることが嫌だったのだと思われます。子どもは、はじめは追いかけることよりも、大好きな大人に追いかけられることを喜びます。子どもたちは実習生のあなたを慕って、追いかけて、捕まえてほしかったのではないでしょうか。A君は、捕まったら鬼になるのではなく、また逃げたかったのでしょう。追いかけられることを十分に楽しむと、しだいに鬼になることを楽しむようにもなっていきます。

 1人の子どもがずっと鬼でも大丈夫？

1人の子どもがずっと鬼になっています。一生懸命走って捕まえようとしていますが、なかなか捕まえることができないようです。このまま見守っていてよいのでしょうか。

 子どもたちの様子をよく見てみましょう。なかなか捕まえることができなくても、その子どもがなんとか自分で捕まえようとがんばっているのなら、応援したりしてしばらく見守りましょう。あまり長い時間このような状況が続くと、変化がなく追いかけられるほうもおもしろくなくなってきます。4、5歳児にもなれば、このような状況を変えようと自分たちで新しいルールをつくるなど工夫して遊ぶでしょう。もし、あまりにも長い時間このような状況が続いて、追いかける方も疲れてしまったり、追いかけられるほうもつまらなくなってきてしまったようなら、実習生のほうから新しいルールの提案をしてみてもよいでしょう。逃げられる範囲を制限してみたり、鬼を増やしてみたりするなどしてもおもしろいです。

 勝手なルールをつくって鬼になろうとしない子どもへの対応は？

鬼に捕まっても、「透明人間だから捕まらないんだよ！」などと勝手なルールをつくって、絶対に鬼になろうとしない子どもがいます。このような子どもへの対応はどのようにしたらいいですか。

 まず、まわりの子どもたちの反応を見てみましょう。案外、子どもたちは「"透明人間！"って言ったら、捕まらないことにしよう」とおもしろがるかもしれません。そうすると今度は、なかなか捕まらなくなるので、「10数えたら、透明人間じゃなくなるようにしよう」と新たなルールを考え出すでしょう。子どもたちはとても柔軟な発想で遊びを考え出していきます。子どもたちと一緒になって新たな鬼ごっこをつくり出していくことを楽しむことが大事です。子どもたちから提案がないときには、実習生から新たなルールを提案してみてもよいでしょう。

| 低年齢児 0〜2歳 | 鬼ごっこ |

この時期には、腹ばいから座る、はう、立つ、つたい歩き、歩く、走るというように運動機能が発達していきます。走ることが可能となる2歳ころより、子どもたちは簡単な鬼ごっこを楽しむようになります。保育者が鬼になり、子どもたちは大好きな保育者から追いかけられることを体と心で楽しんでいます。

10月
2歳児
5人

 事 例　「まて、まて〜」

 ユウジ／リョウタ／ユウキ　 アキ／ミユ

　子どもたちは保育者、実習生とともに、保育所に隣接したグラウンドに出かけた。広いグラウンドに着くと、さっそく走り出すユウジ。それに続いて、リョウタ、ユウキも走り出す。実習生は、そんな子どもたちを「まて、まて〜」と追いかける。ユウジたち3人は、「キャー、キャー」とはしゃいでうれしそうに逃げまわる。そんな様子を見ていたアキとミユも実習生のまわりを一緒に走り出した。実習生は、アキとミユも「まて、まて〜」と同じように追いかける。アキとミユも「キャー」とうれしそうである。

　実習生はユウジにタッチして、「捕まえた！」と言うと、ユウジは「キャッキャ」とうれしそうに声を上げる。すると、リョウタも実習生に近づいてきて、実習生を振り返りながら逃げまわる。実習生はリョウタにも同じようにタッチして、「捕まえた！」と言う。リョウタもうれしそうに「キャッキャ」と声を上げ興奮している。

　楽しそうな様子に、他の子どもたちも一緒になって走り出した。保育者も参加して、「まて、まて〜、オオカミだぞー」と子どもたちを追いかける。子どもたちは保育者の「オオカミだぞー」という言葉に「キャー」といっそう興奮し、楽しそうである。実習生も一緒になって「オオカミだぞー」と子どもたちを追いかける。実習生が「オオカミだぞー」とアキを捕まえると、アキは泣き出してしまった。実習生は、予想外に泣き出してしまったアキにどう対応していいのかわからず茫然としてしまった。

① 追いかけられることを楽しむ

　ユウジたちは広いグラウンドを目の前にして、思わず走り出したくなったのでしょう。そして、実習生に「まて、まて〜」と追いかけられることを心から楽しんでいます。実習生のまわりを走りまわったり、実習生のほうを振り返りながら走る姿は、実習生に「捕まえて」とでも言っているようです。実際、ユウジとリョウタは実習生に捕まえられたことをとても喜んでいます。また、保育者が「オオカミだぞー」と言って追いかけたことで、子どもたちはオオカミから追いかけられるといったイメージの世界でこの鬼ごっこを楽しんでいます。アキが泣き出してしまったのは、イメージの世界に入り込み楽しんでいたので、オオカミが本当に怖かったのかもしれません。

② 捕まえられる喜びを味わえるように

　実習生は、思わず走り出したユウジを「まて、まて〜」と追いかけました。はじめは、走ることを楽しんでいたユウジでしたが、実習生のこうした働きかけにより、楽しい鬼ごっこへと発展していきました。実習生は自分のまわりを走っている子どもたちの「捕まえてほしい」という思いを受け止め、一人ひとりを追いかけては捕まえています。実習生がユウジやリョウタを捕まえると、「キャッキャ」と声を上げ、捕まえられることを心から喜んでいます。しかし、このときタッチして捕まえるだけでなく、子どもをギュッと抱きしめたり、抱き上げたりすることで捕まえられる喜びをもっと味わうことができたのではないでしょうか。子どもたちは、鬼ごっこを通して、走りまわることや逃げることだけを楽しんでいるのではなく、こうした大好きな大人とのスキンシップも同時に楽しんでいるのです。泣き出してしまったアキには、オオカミからやさしい実習生に変身して、「オオカミは行っちゃってバイバイしたよ」と安心できるようなかかわりが必要だったでしょう。落ち着いたら、またイメージの世界のなかで鬼ごっこを遊ぶ楽しさを味わえるようにしましょう。

　この時期の子どもは、逃げること、捕まえられることに楽しさを感じるようです。とくに大好きな大人に捕まえられることに喜びを感じています。子どもたちとスキンシップをとりながら、鬼ごっこを楽しむことも大切です。また、イメージの世界のなかで鬼ごっこを楽しめるようにするとよいでしょう。

> **CHECK POINT**
> - 逃げることを楽しみ、大好きな大人に捕まえられる喜びを味わえるようにする
> - イメージの世界のなかで、鬼ごっこを楽しめるようにする

3歳児 11月　鬼ごっこ

　この時期は、基本的な運動機能が発達し、全身のバランスを取る力もついて、体の動きが巧みになってくるので、子どもたちは全身を使って鬼ごっこを楽しむようになります。また、友達への興味が高まり、かかわりも増えてくることから、友達と鬼ごっこを楽しむ姿がよく見られるようになります。

事例　「しっぽとり、やりたーい」

11月　3歳児　3人
マサキ　ユウキ　ミハル

　昨日、クラスでしっぽとりをして遊んだことを思い出して、マサキが「しっぽとり、やりたーい」としっぽのひもをもってきて実習生に渡した。実習生がマサキの腰にしっぽをつけていると、「わたしもやりたい！」「ぼくも」と数人の子どもたちも集まってきた。実習生は、集まってきた子どもたちの腰にもしっぽをつけると、「じゃあ、先生がネコになって追いかけるからね。ネズミさんたちはしっぽを取られないように逃げてね」と声をかけ、しっぽとりがはじまった。
　実習生が「ニャー、ニャー、捕まえるぞ〜」とネコになりきって子どもたちを追いかけると、マサキたちも「チュー、チュー。逃げろ！」とネズミになりきって、楽しそうである。実習生が全員のしっぽを取ってしまうと、「もう1回！」との要望を受け、もう一度しっぽとりがはじまった。実習生は同じように、ネコになって子どもたちを追いかける。子どもたちもネズミになりきって、ネコに追いかけられることを楽しんでいる。しかし、すぐにしっぽを取られてしまったミハルは、しばらくそばで様子を見ていたが、することがなくなってしまったのか、同じくしっぽを取られてしまったユウキとともにすべり台のほうへ行ってしまった。しっぽを取られてしまった子どもは1人、2人とその場を離れていき、マサキもしっぽを取られると、「もうおしまい？」と言い残して行ってしまった。

① 追いかけられるだけのしっぽとりでは物足りない

　昨日、楽しんだしっぽとりをもう一度楽しみたくて、マサキは実習生に「しっぽとり、やりたーい」とせがんでいます。自分たちだけでこの遊びを展開するのはまだむずかしいのでしょう。実習生がそれに応えてネコになり、ネズミの子どもたちを追いかけることでしっぽとりを楽しむことができたようです。ネコにネズミが追いかけられるというイメージがよりいっそう、しっぽとりを楽しいものにしています。

　しかし、実習生に追いかけられるだけのしっぽとりは、子どもたちにとって十分に楽しむことができたとは言えないようです。捕まってしまった子どもたちは、それ以上することがなくなり、遊びは発展しませんでした。

② 子どもたち同士で楽しめるような働きかけを心がける

　実習生は、マサキの「しっぽとり、やりたーい」という思いをしっかりと受け止め、しっぽとりができるよう子どもたちに働きかけることができています。さらに、「先生がネコになって追いかけるからね。ネズミさんたちはしっぽを取られないように逃げてね」と、ネズミがネコに追いかけられるというイメージを提示したことで、子どもたちにとってしっぽとりがより楽しいものになったようです。また、「ニャー、ニャー」と実習生も子どもたちと一緒になってしっぽとりを楽しむ姿が見られます。

　しかし、2回とも実習生が中心になって追いかけるスタイルのしっぽとりでは、子どもたちにとって物足りなかったようです。実習生と子どものかかわりを中心にするのでなく、この時期にはもっと子どもたち同士で楽しめるような働きかけをすることも必要だったと思われます。しっぽを取られてしまった子どもは、実習生と一緒にネコになり、他の子どものしっぽを取るというようなルールにすれば、取られてしまった後、何もすることがなくつまらないというような状況は生まれなかったでしょう。また、友達同士のかかわりも増えてもっと楽しめたのではないでしょうか。慣れてくれば、最初からネコとネズミのチームに分けてしっぽの数を競うこともできるでしょう。

　この時期の子どもは、友達とのかかわりを楽しむようになってきます。しっぽとりのルールをさまざまにアレンジして、友達同士のかかわりを生むような工夫が必要です。

> **CHECK POINT**
> ● 子どもと一緒になって心から楽しむ
> ● 友達同士のかかわりが生まれるようにルールなどを工夫する

4歳児 5月　鬼ごっこ

　この時期の子どもは、運動機能の発達がさらに進み、体を動かして、仲間とともに活発に遊ぶようになります。ルールのある遊びの楽しさもわかるようになり、簡単な鬼ごっこで満足するのではなく、少し複雑なルールの鬼ごっこも覚えて、友達と楽しむ姿が見られるようになります。この時期に、ルールのある遊びを集団で楽しむことを通して、ルールの意味にも気づいていくことが大切です。

> 5月
> 4歳児
> 5人
>
> **事例**　「やったぁ！　色鬼楽しいね」
>
> ユウマ・ユウイチ・ダイスケ　ヒロミ・ハルミ
>
> 　園庭に出ると、子どもたちは高鬼をして遊びはじめた。実習生も一緒になって遊んでいたが、しばらくすると、あきてしまったのか、1人、2人と遊びから離れて行ってしまった。
> 　このようななか、実習生は「今度は、色鬼してみない？」と子どもたちに提案した。「いろおに？　色鬼って何？」「する！　する！」と新しい言葉に興味をもったヒロミ、ハルミ、ユウマ、ユウイチ、ダイスケが実習生を見つめる。実習生は、「それじゃあ、先生が鬼になるからね。先生が色の名前を言うから、そうしたらその色のものを探してさわってね。探している間に鬼が捕まえにいくから、捕まらないように逃げてね。色にさわることができたら、鬼は捕まえられなくなります」と説明した。実習生が「いいますよ。黄色！」と言うと、子どもたちははじめきょとんとしていたが、「黄色いものを探してごらん。あるかな？　急いで探さないと鬼が捕まえちゃうぞ」との実習生の言葉に、子どもたちは「キャー」と声を上げて走り出した。さっそく、黄色いものを探し、「あった！」と砂場のバケツにさわるハルミ。それを見てヒロミもハルミのもとへ走る。ユウマとユウイチもハルミたちを見て、「あれも、黄色だ」とキックボードのもとへ走る。実習生はユウマとユウイチを追いかけたが捕まえることができず、2人は「やったぁ！　色鬼楽しいね」と喜んでいる。実習生は残念そうに「あと少しだったんだけどなあ」と言う。一方、ダイスケはどうしていいかわからない様子であったが、「こっちだよ！」とユウマの呼ぶ声にダイスケも走って行った。
> 　楽しそうな様子に、一度、高鬼をやめてしまった子どもたちも再び「入れて」と入ってきた。実習生は、「次は、緑」と続ける。あらたに入ってきた子どもたちも、「緑のものさわるんだよ」とユウマたちに教えてもらい、見よう見まねで一緒に動き楽しんでいる。そんななか、「せんせーい！」と他の子どもに呼ばれた実習生は、「それじゃあ、今度はユウマくんが先生の代わりに鬼をやってくれるかな？　先生、ちょっと呼ばれたから行ってくるね」と言い残して行ってしまった。ユウマは喜んで鬼の役を引き受けたが、その後、色鬼遊びは長く続かなかった。

① 新しいルールの鬼ごっこで遊びに変化と潤いをもたらす

いつも遊んでいる高鬼にあきてきた子どもたちにとって、新しいルールの色鬼は遊びに変化と潤いを与えたようです。しかし、実習生がその場から離れてしまうと、遊びは持続しませんでした。ルールを完全に理解した子どももいれば、まだ十分に理解するまでにはいかない子どもたちもいたことでしょう。そんな子どもたちを支える実習生の存在が子どもたちにとって必要だったのだと思われます。

② ルールの説明は簡単に一つひとつ伝えていく

実習生が「色鬼してみない？」と提案したことは、高鬼にあきてきた子どもたちにとって、適切な援助だったといっていいでしょう。

しかし、ルールの説明はこの実習生のように一度にすべて説明してしまうのでなく、もっと短く、簡単に、一つひとつ伝えていくようにするとよいでしょう。最初の実習生の説明は長くて、一度に理解できない子どもたちはきょとんとしています。たとえば、「先生が、赤って言ったら、赤いものを探してね」と言って、まずは言われた色を探してさわるというルールを伝えて、何回かやってみます。理解できたところで、「今度は、できるだけ早く探してさわってね。急がないと鬼が捕まえに行くからね」と、色を探している間に鬼が捕まえてしまうというルールを伝えていきます。言葉だけでなく、実際に遊びながら伝えていくことも大切です。また、ルールの理解には個人差も大きいので、なかなか理解できない子どもにはそばで一緒に動きながら伝えていくことも必要です。ダイスケの場合は、友達に支えられながら理解していくことができました。

あらたに遊びに加わった子どもたちやはじめて鬼の役をするユウマには、その場から離れずに援助することが必要だったでしょう。

新しいルールの鬼ごっこをするときには、遊びながら一つひとつルールを伝えていくようにすることが大切です。また、ルールの理解には個人差も大きいので、それを支える保育者の存在が重要です。子どもたちが十分に遊びのルールを理解するまでにはその場を離れず、援助するようにしましょう。

> **CHECK POINT**
> ● 新しいルールは一つひとつ、遊びながら伝えていく
> ● 子どもたちがルールを理解するまではその場を離れず援助する

5歳児 2月 鬼ごっこ

　この時期になると、友達とのつながりはいっそう強くなり、それぞれのよさを認めながら、集団で協力し合って遊ぶ姿がよく見られるようになります。仲間意識も強くなるので、2チームに分かれて対戦する鬼ごっこなどが楽しくなるようです。こうした遊びを通して、子どもたちは互いのよさを生かしながら、協力し合う経験をすることでしょう。

2月
5歳児
6人

事例　「わかった。はさみこみ作戦だ！」

シュウ
ヨウタ

シオリ
キラ
ミホ
カズホ

　子どもたちが大勢でドロケイをはじめた。シュウが「警察になりたい人？　泥棒になりたい人？」と声をかけ、子どもたちはそれぞれなりたいチームに分かれた。「警察のほうが多くない？」と言って、人数を数えるシオリ。それを受けて「じゃあ、私泥棒になろうかな！」とキラが動く。「でも、まだ泥棒が少ないね。そうだ！　先生も入って」と実習生が誘われた。実習生は「よーし、警察には絶対に捕まらないぞ」と言うと、泥棒の子どもたちは「やったぁ！」と実習生が仲間に入ったことを喜んでいる。
　小屋を泥棒の基地に、ジャングルジムを牢屋にして、ドロケイがはじまった。園庭のすべてを使って子どもたちは走りまわる。実習生も一緒になって思い切り走り警察から逃げている。なかなか実習生が捕まらないので、警察の子どもたちが集まって何やら話しはじめた。「おれがこっちから先生を追いかけるから、ヨウタが反対から追いかけて」とシュウが足の速いヨウタに作戦をもちかける。ヨウタも「わかった。はさみこみ作戦だ！」と応じている。他の子どもたちも「じゃあ、私はこっちから、追いかける」と作戦に参加する。実習生は一生懸命に逃げたものの子どもたちの作戦でとうとう捕まって牢屋に入れられてしまった。今度は、「先生を助けよう！」と張り切る泥棒の子どもたち。シオリが「私が警察に追いかけられている間に、キラちゃん先生を助けて」と言う。キラは「わかった。じゃあ、ミホちゃんも一緒に助けに行こう」と誘う。「じゃあ、私はシオリちゃんと一緒に逃げる」とカズホ。作戦が成功して、実習生を助け出すことができると大喜びの子どもたちである。
　楽しそうな様子に、4歳児の子どもたちも「入れて」と入ってきた。子どもたちは「いいよ」と受け入れたが、4歳児はすぐに捕まってしまい、なかなか遊びに参加できずにいた。そこで実習生は、10秒しかいられない基地に「ほし組さんは、好きなだけいてもいいことにしようか？」と提案する。子どもたちは快く「いいよ！　そうしよう」と応え、4歳児とともにドロケイを続けた。

① 仲間と作戦を立て、協力することの楽しさを味わう

ただ追いかける、逃げまわる、といった単純な鬼ごっこではなく、子どもたちは複雑なルールの鬼ごっこを楽しんでいます。警察の子どもたちは、仲間と作戦を立て、協力して足の速い実習生を捕まえることに熱心になっています。一方、泥棒の子どもたちも仲間である実習生を助けるために、警察の動きを予測し、作戦を練ったり、協力して成し遂げることを心から楽しんでいるようです。「もしかしたら自分も捕まってしまうかもしれない」という危険を冒してまで実習生を助けにいくのです。遊びとはいえ、子どもたちは真剣そのものです。

② 子どもたちが遊びの中心となって展開していく

子どもたちは全身を使って、頭を使ってドロケイを楽しんでいます。実習生もそんな子どもたちと一緒になって、思い切り園庭を走りまわっています。真剣そのものの子どもたちに、実習生も真剣にかかわっており、そのことがドロケイをより楽しいものにしているのだと思われます。

実習生が遊びを引っ張るのではなく、子どもたちが遊びの中心となって展開されていることも重要です。子どもたちはルールも熟知しており、この遊びの楽しさも十分に理解しているようです。このような状況において、実習生は子どもの主体性を大切にしながら、余計な言葉をかけたり、手を出したりせずに、仲間としてその遊びに参加している点は素晴らしいものです。

しかし、残念だったのは、4歳児の子どもがすぐに捕まってしまってドロケイを楽しめない状況において、実習生からルールを変更する提案をしたことです。子どもたちに「どうしたらいいかな？」と相談をもちかけることで、子どもたちが年少の子どもの気持ちを考えてみるチャンスを与えていくことができたでしょう。

子どもたちの遊びはいつも真剣です。そんな子どもたちのなかに入り、一緒になって真剣に遊び込む実習生の存在が子どもたちの遊びをより楽しいものにしてくれるのです。

> **CHECK POINT**
> - 仲間として真剣に遊びにかかわる
> - 子ども中心に遊びを展開していく
> - 子どもたちが新たなルールをつくっていけるよう援助する

🐰 Column　いろいろな鬼ごっこを楽しもう

❋ オオカミさん今何時？

保育者がオオカミになり、子どもたちがウサギになって遊びます。子どもたちはイメージの世界のなかに入り込んで、ウサギになりきり、怖いオオカミから逃げることを楽しみます。

［遊び方］

① オオカミを1人きめます。はじめは、保育者がオオカミになるとよいでしょう。
② 他の子どもたちはウサギになります。
③ 地面に線を引き、ウサギは線の上に並びます。
④ 線から離れたところにオオカミが立ちます。
⑤ ウサギたちが声を合わせて「オオカミさん！　今何時？」とオオカミに呼びかけます。
⑥ オオカミは「〇時！」と答えます。たとえば、「3時！」とオオカミが答えたら、ウサギは3歩前に進みます。何度かこれをくり返します。
⑦ 最後にオオカミが「夜中の12時！」と叫んだら、ウサギは逃げます。オオカミは逃げるウサギを捕まえます。

＊オオカミはオオカミらしく行うととても楽しいです。
＊「じゅ、じゅ、10時！」と言ったり、「じゅ、じゅ、ジュース」などと言って、「12時！」を思わせるような答えの工夫をすると、ドキドキして楽しくなります。
＊最初は保育者がオオカミをしますが、遊びに慣れてきたら子どもたちがオオカミも楽しめるようにするといいでしょう。

❋ ネコとネズミ

ネコとネズミに分かれて遊ぶ鬼ごっこです。みんなでネコに追われるネズミを助ける楽しさがあります。

［遊び方］

① ネコとネズミになる子どもを1人ずつきめます。
② 他の子どもは手をつなぎ輪になります。
③ ネズミはネコに捕まらないように輪の外や中を逃げます。
④ ネコはネズミを追いかけて捕まえます。
⑤ 輪になっている子どもはネズミがくぐり抜けるときは手を上げて通しますが、ネコがくぐり抜けようとしたときは、手を下げて通さないようにします。
⑥ ネコに捕まったネズミは次にネコになります。

❋ 十字鬼

年長児になると複雑なルールの鬼ごっこも楽しめるようになるでしょう。十字鬼も楽しい鬼ごっこの1つです。

［遊び方］

① 田の字を地面に描きます。
② 鬼を1人きめます。
③ 鬼は、真ん中の十字のラインだけを移動できます。
④ その他の子どもは、鬼に捕まらないよう4つのマスを移動していきます。
⑤ 鬼に捕まったら、今度は捕まった子どもが鬼を交代します。

＊鬼が進む方向（右回り左回り）やどれくらい進むか（周数）をきめるなどの制限をつけても楽しいです。
＊また、鬼を交代せず、捕まった子どもが次々に鬼になって増えていくルールにしても楽しいです。

Practice 実践 3

ごっこ遊び

　お母さんごっこ、乗り物ごっこ、お医者さんごっこ、お店屋さんごっこ、ヒーローごっこ……など、子どもたちはごっこ遊びが大好きです。ごっこ遊びとは、子どもが経験したこと、見たり、聞いたりしたことのなかから興味、関心をもったことをまねて遊ぶことをいいます。その魅力は、自分がおもしろいと思ったことを再現したり、好きなものやなりたいものになりきって遊ぶところにあるでしょう。また、現実には起こらないこともごっこ遊びのなかでは可能になります。子どもたちは、イメージをふくらませ、ごっこの世界を楽しむのです。

　なかでも、大好きなお母さんやお父さんになりきって遊ぶことが大好きです。子どもたちは、驚くほどに大人の言葉やしぐさを覚えていてまねて見せます。また、赤ちゃんになることも大好きです。普段、「大きくなったのだから」「お姉ちゃんだから」「お兄ちゃんだから」と言われていても、ごっこ遊びのなかでは赤ちゃんになりきって楽しみます。大きくなりたいという思いと、まだ甘えたい気持ちの両方に揺れ動く子どもの思いが感じられます。○○マン、○○レンジャーのように子どもたちの憧れのヒーローにもよくなります。絵本やお話の世界をごっこ遊びで再現することもよく行われます。子どもたちは、自分の見聞きしたこと、体験したことをもとに、イメージの世界をふくらませ、現実には不可能なことも、ごっこ遊びのなかで再現し楽しんでいるようです。

ごっこ遊び 援助のポイント！

子ども一人ひとりのごっこの世界を大切にする

子どもたちは身のまわりのさまざまな事柄に興味をもち、それをまねたり、再現してみようとする。そうした子どもの思いに気づき、子ども一人ひとりのごっこの世界を大切にかかわることが求められる。とくに年齢の小さな子どもの場合には、まねる力もまだ十分でなく、大人には何をまねているのかわかりにくいことも多い。注意深く子どもを見たり、相手をすることでその子のごっこの世界の意味を探ってみよう。

なりきるための衣装や道具を用意する

子どもがごっこ遊びを楽しむためには、何かになりきるために身につけるものや道具があると効果的である。ヒーローになるためのマントやお姫様になるためのドレスといった衣装があると、子どもたちのイメージはさらに豊かになるだろう。また、ヒーローがもっている剣やベルト、お姫様の冠や首飾りなど、子どもが必要なものをつくれる環境（材料など）を用意することも大切である。

ごっこのイメージをさまざまに表現して楽しめるようかかわる

子どもたちは、ごっこ遊びのなかで、イメージしたことをさまざまに表現しようとする。子どものイメージを受け止めながら、描いたり、つくったり、うたったり、おどったりなど、さまざまな表現活動を楽しむことができるよう必要に応じてアドバイスしたり、手を貸したり、あるいは見守ったり、ともに楽しんだりして支えていくことが大切である。

イメージが豊かになるよう絵本やお話などにふれる機会をたくさんもつ

絵本やお話は、子どもたちのイメージの世界を広げ豊かにしてくれる。ごっこ遊びを豊かに楽しむためには、そうした子どものイメージを豊かにする環境が必要である。子どもたちが多くの絵本やお話にふれる機会をもてるようにすることが大切である。

子どもとともにごっこの世界を楽しむ

実習生も子どもとともにごっこの世界を楽しむことが大切である。大好きな保育者とごっこ遊びを楽しむことは、ごっこ遊びをより活気づける。とくに、友達とのやりとりを楽しむまでには発達していない小さな子どもにとっては、保育者の存在は重要である。保育者の何気ない言葉や振りが新しい展開を起こすことも多い。

友達同士イメージを共有できるようかかわる

4歳を過ぎると、友達とのやりとりがいっそう楽しくなり、ごっこ遊びのなかでも友達とのやりとりを楽しむ。しかし、そのためには友達同士イメージを共有していなければならない。子ども同士ではまだイメージの共有がむずかしい場合には、子どものイメージを実習生が言葉にしてまわりの友達にも伝えながら、友達同士イメージを共有できるようにかかわることが必要である。

Q&A 実習でこんな場面に出会ったらどうかかわる？

Q　お店屋さんごっこのおつりのやりとりは正しく教えたほうがいいの？

子どもたちがお店屋さんごっこをはじめました。見ていると、支払ったお金より多くのおつりを渡したりしています。教えてあげたほうがよいでしょうか。

A　まず、お店屋さんごっこで子どもたちが何を楽しんでいるのかをよく観察してみてください。お金を渡して商品が買えること、お金を渡したらおつりがあることを家族との買い物体験から子どもたちは学んでいるのでしょう。そうしたやりとりの再現を子どもたちは楽しんでいるのではないでしょうか。キュウリが100万円というような現実にはあり得ない値段がついていることもよくあります。幼児期の子どもたちはまだ実際の値段がどれくらいかということはよくわかりません。また、おつりの細かな計算も多くの場合よくわからないでしょう。子どもたちがお店屋さんごっこで楽しんでいることは、そうしたお金のやりとりを正しくすることではなく、お金を渡して商品を買ったり、おつりをあげる・もらうというやりとりそのものの場合が多いでしょう。だとしたら、おつりのやりとりを正しく教える必要はないのではないでしょうか。

Q　ヒーローになりきっている子どもたちからの攻撃が激しいときはどうしたら？

男の子たちがヒーローになりきって遊んでいます。様子を見ていたら、私を怪獣にして攻撃をはじめました。最初は、怪獣になりきり子どもたちの相手をしていましたが、私に向けられる攻撃が激しくなり、体にキックや剣が当たって痛くてたまりません。このようなときはどのように対応したらいいのでしょうか。

A　子どもたちのごっこ遊びの世界を大切にし、かかわることはとても大切です。子どもたちのごっこ遊びの世界に身を置き、一緒に楽しめるようなかかわりが必要です。しかし、いくら子どもたちのごっこ遊びを大切にしなくてはいけないからといって、痛いのをがまんしていたのでは一緒に楽しむことはできないでしょう。痛いときには、子どもたちに「痛いから、これでは一緒に遊べない」とはっきりと伝えましょう。伝わらないときは、伝え方を工夫してみてください。真剣に伝えれば、多くの場合子どもたちは理解してくれます。「顔は攻撃しない」、「キックはしない」というように、お互い楽しく遊ぶためのルールを子どもたちと一緒につくったりすることも大切です。

Q　ごっこ遊びのなかに入っていくにはどうしたらいいの？

子どもたちは、よく「ネコごっこ」をして遊んでいるようです。一緒に仲間に入って遊びたいと思いますが、どのように遊びに入ったらよいでしょうか。

A　いきなり「入れて」と入って行くまえに、子どもたちの遊びの様子をよく観察してみましょう。ネコごっこのなかで何を楽しんでいるのでしょうか。まずは、子どもたちが楽しんでいることに共感することが大切です。「楽しそうね。入ってもいい」と入っていくとよいでしょう。また、子どもたちがしていることをまねてみるのもよいでしょう。たとえば子どもたちがネコの尻尾をつけているようなら、同じように尻尾をつけて入っていくと、遊びを共有しやすくなります。

ごっこ遊び

低年齢児 0〜2歳

　ごっこ遊びを楽しむためには、イメージする力がなくてはなりません。イメージする力は、おおよそ1歳半ころからつきはじめるといわれています。この時期の子どもは、最初はまねをするところからはじまり、保育者のかかわりによりごっこ遊びへと発展していきます。保育者と一緒にごっこ遊びをするなかで、言葉のやりとりを楽しんだり、豊かなイメージが子どもたちのなかに育まれていきます。

事例　「カンパーイ」

8月
1歳児
3人

コウキ　マキ　ユリ

　子どもたちは保育者や実習生に見守られるなか、ボールやぬいぐるみなど好きな遊具を手にして遊んでいる。実習生は、マキやユリがもってきたペットボトルの手づくり遊具を転がしたりして相手をしている。
　このようななか、コウキがままごとコーナーからコップを両手に1つずつもってきて、2つをぶつけ合わせながら「パーイ、パーイ」と言って実習生のほうを見ている。実習生はコウキが何を言いたいのかよくわからない様子で、コウキを見つめている。すると、コウキはもう一度同じようにコップをぶつけ合わせて「パーイ、パーイ」とくり返し、実習生を見る。実習生がコウキのまねをして「パーイ、パーイ」と言うと、コウキはそれに合わせてコップをぶつけ合わせて実習生のほうをニコニコと見ている。実習生は「そうか！　カンパーイね」と気づき、コウキから1つコップをもらうと、コウキのもう1つのコップにくっつけて「カンパーイ」と言ってみる。すると、コウキは嬉々として、実習生のコップに自分のコップをくっつけて「パーイ」と答えた。実習生もコウキの声に合わせて「カンパーイ」と言う。そんな様子を見ていたマキもままごとコーナーからコップをもってきて、実習生のコップに自分のコップをくっつけて「カンパーイ」と言っている。実習生はユリにも同じコップをとって差し出し、コップをくっつけて「カンパーイ」と言うと、ユリもうれしそうに「カンパーイ」と応える。そして、実習生は「ジュースでみんなでカンパイしましょうね」と言うと、ペットボトルの手づくり遊具をとって、コウキ、マキ、ユリのコップにジュースを注ぎ入れるまねをした。子どもたちはその様子をじっと見つめている。ジュースを注ぎ終わると、実習生は「それじゃあ、カンパイしようか」と言い、子どもたちのコップに自分のコップをくっつけて「カンパーイ」と言う。子どもたちもうれしそうに応えて「カンパーイ」と何度も言っている。実習生がジュースを飲むまねをすると、子どもたちも同じようにジュースを飲むまねをする。飲み干したユリは「おかわり」とコップを差し出す。すると、コウキとマキもコップを差し出した。実習生は、子どもたちとジュースを入れ、カンパイをして、飲むことを何度もくり返し遊んだ。

① まねっこ遊びからごっこ遊びへ

　コウキは家で「カンパイ」を経験したことがあるのか、同じコップを見つけるとそれを合わせて「パーイ、パーイ」と「カンパイ」のまねをして実習生に働きかけています。コウキはこのまねっこ遊びを実習生と共有したかったのでしょう。最初はその意味がわからなかった実習生でしたが、コウキの行動が「カンパイ」であることがわかり、コウキに「カンパーイ」と働きかけると、コウキはとても楽しそうに「パーイ」と応えています。マキやユリにもこの楽しさが伝わって、みんなでカンパイを楽しむことができました。また、実習生がコップにジュースを注いだり、飲むまねをしたことにより、ジュースごっこへと遊びが発展していきました。

② 子どもの表現を受け止め、やりとりを楽しめるようかかわる

　実習生ははじめコウキの「パーイ」の意味を理解することができませんでした。しかし、実習生はしっかりとコウキの行動を観察するとともに、コウキのまねをしてみることでその意味を理解することができています。1歳児の言葉は聞き取れなかったり、その意味が読み取れないことも多くありますが、この実習生のように言葉だけでなく行動を観察したり、それでもわからないときには子どもと同じように動いてみることで理解できることがたくさんあります。

　実習生がコウキのまねっこ遊びにていねいにかかわることで、コウキはとても満足しています。楽しい遊びはコウキだけでなくマキやユリにも広がっていきました。また、実習生はジュースを注いだり、飲むまねをして、「カンパイ」のまねっこ遊びから、ジュースごっこへと遊びを発展させています。子どもたちも何度も「おかわり」をしてジュースごっこをくり返し楽しむことができました。

　この時期の子どもたちはイメージすることが可能となり、そのイメージを自分なりに表現します。子どもの表現を大人が見逃さずにかかわることで、子どもたちは見たり、経験したことを再現する楽しさを味わうことができます。ていねいな大人とのやりとりのなかで、子どもたちはしだいにごっこ遊びも楽しむようになっていきます。

> ▶▶ CHECK POINT
> - 子どもの表現をていねいに受け止める
> - 子どものまねっこ遊びにていねいにかかわり、やりとりを楽しむ
> - まねっこ遊びから、ごっこ遊びへ発展するよう働きかける

3歳児 6月　ごっこ遊び

　3歳児になると、友達とのかかわりも増え、友達と簡単なごっこ遊びを楽しむようになります。しかし、それぞれがイメージしていることを共有することはまだむずかしく、違ったイメージで遊んでいることも多いようです。保育者がそれぞれのイメージを言葉にしたり、つなげたりすることで、友達と同じイメージの世界で遊ぶことの楽しさを知っていきます。またこの時期は、何かになりきって遊ぶことがとても楽しくなります。子どもたちの憧れのキャラクターになりきって遊ぶ姿がよく見られます。

事例　「4人の○○レンジャー」

6月
3歳児
4人

アキヒト
ヒロユキ
マサト
ミキヒト

　アキヒト、ヒロユキ、マサト、ミキヒトたちが、今日もテレビキャラクターのヒーロー"○○レンジャーごっこ"を楽しんでいる。今日は、担任保育者が○○レンジャーのベルトづくりができるように準備していたこともあって、子どもたちは保育者の手助けのもと、自分のイメージするオリジナルのベルトをつくり、いっそう張り切っている。ベルトができあがると、うれしそうにさっそく身につけてポーズをきめてみたり、「怪獣をやっつけてやる！」とそれぞれのイメージで遊びはじめた。
　実習生も同じようにベルトをつくり身につけると、アキヒトたちに「入れて」と入っていった。アキヒトたちは「いいよ」「せんせいのベルトかっこいいね」とすぐに受け入れる。実習生は「みんなのもかっこいいね」「アキヒトくんは、何レンジャー」と聞く。「ぼくは、○○レンジャーだよ」とアキヒト。すると、ヒロユキも「ぼくも、○○レンジャー」。マサトとミキヒトも同じように「ぼくも、○○レンジャー」と言う。実習生が「みんな○○レンジャーかあ。困ったね。△△レンジャーもかっこいいんじゃない？　誰か△△レンジャーになる人はいないの？」と聞くと、子どもたちはきょとんとした表情で黙っている。実習生は、ミキヒトに「△△レンジャーじゃ、ダメ？」と聞くと、ミキヒトは「○○レンジャーがいいの！」と言って走って行ってしまった。アキヒト、ヒロユキ、マサトもみな「ぼくも、○○レンジャーがいい」と口をそろえて言い、ミキヒトのあとを追って走って行った。そして、4人の○○レンジャーは園庭に出て、走りまわったり、ポーズをきめたりして楽しそうに遊んでいた。

① 役割分担よりも自分がなりたいものになりきることが楽しい

　4人の男児は○○レンジャーになりきって遊ぶことがとても楽しいようです。保育者の用意したベルトづくりは、子どもたちのイメージをさらに豊かにし、この○○レンジャーごっこをより楽しいものにしています。さまざまなヒーローの役があるなかで、どの子も○○レンジャーになって遊んでいますが、そのことに疑問を感じたり、気にしたりする子どもは1人もいないようです。子どもたちは役割分担をしてそのやりとりを楽しむことよりも、自分がなりたいものになりきって遊ぶことが楽しいのです。

② なりたいものになりきって楽しめるような援助を心がける

　実習生が子どもたちと同じように自分のベルトをつくり遊びのなかに入っていったことは、子どもたちにとっても親しみがわき、大変よいかかわりだったといえます。

　しかし、実習生は子どもたちがみんな同じ○○レンジャーになって遊びたかった思いを十分に理解することはできませんでした。実習生の「みんな○○レンジャーかあ。困ったね。△△レンジャーもかっこいいんじゃない？　誰か△△レンジャーになる人はいないの？」という働きかけは、「○○レンジャーは1人だけ」、「いろいろな役になってそのやりとりをすることが楽しい」というような固定観念にしばられていることがわかります。

　また、この時期の子どもたちは友達と一緒にごっこ遊びを楽しみたいという思いが強くなる一方で、それぞれのイメージしていることを共有することはまだむずかしいものです。この場面では、子どもたちの役をきめることよりも、それぞれがイメージしていることを引き出しながら言葉にしていくことで友達同士のつながりをつくっていくことが必要だったと思われます。

　この時期の子どもたちは、自分が好きなものになりきって遊びたいという思いを強くもっています。子ども一人ひとりがなりたいものになりきって遊ぶことを楽しめるような援助と友達同士のイメージをつなぐようなかかわりを心がけましょう。

> **CHECK POINT**
> - 子ども一人ひとりがなりたいものになれるようにする
> - なりたいもののイメージが豊かになるよう小道具などを使い、よりイメージが広がるようにする
> - 子どものイメージを言葉にし、友達同士をつなげる

ごっこ遊び

4歳児 5月

　この時期の子どもは友達とのかかわりがいっそう強まり、ごっこ遊びでは友達とのやりとりを楽しむ姿がよく見られるようになります。また、イメージが豊かになるので、ごっこ遊びのなかではイメージしたことを自分なりに表現することを楽しみます。子どもたちはこうしたごっこ遊びを通して、友達から刺激を受け、自分のイメージの世界をさらに広げていきます。

事例　「パーティーのお手紙をつくっていたの」

5月　4歳児　3人

マサミ　サリナ　ユウ

　マサミ、サリナ、ユウの3人でパーティーごっこがはじまった。「パーティーのごちそうをつくらなきゃ」とお母さん役のマサミが言うと、お姉さん役のサリナも「お肉とスープにしましょう。ジュースも必要ね。私も手伝うわ」と答える。2人は、料理をつくったり、テーブルに食器を並べたり忙しそうに動いている。

　一方、ユウは1人で画用紙に何かを描きはじめた。しばらくすると、マサミとサリナが「何してるの？　パーティーがはじまっちゃうよ。忙しいんだから手伝って」と怒っている。2人の勢いに圧倒され、ユウは「だって……」と言うと下を向いてしまった。さらにマサミはユウの描いていた画用紙を取り上げ、「お皿並べてよ」と強く言うのでユウは泣き出してしまった。そこへ、実習生が「とんとん、お邪魔します。何かありましたか」と声をかける。すぐにマサミが「ユウちゃんが、パーティーごっこしているのに手伝わないで絵を描いているから」と自分の思いを主張する。サリナも「ユウちゃんが手伝ってくれない」と言う。実習生は「そうかあ。ユウちゃんはどうしたかったのかなあ」とやさしくたずねる。すると、ユウは「"パーティーに来てください"のお手紙をつくっていたの」と答えた。実習生は「そうか、ユウちゃんはお手紙をつくりたかったのか。たくさんのお客さんにきてほしいものね」というと、マサミは「お手紙！　いいね。つくろう」とユウに言う。サリナも「ごめんね。お手紙ね。わたしもつくる」と3人のパーティごっこは再開した。実習生は「パーティーの準備ができたら、私も呼んでくださいね」と声をかけた。3人はうれしそうに「お手紙をもっていくからね」「待っててくださいね」と答えた。

① 友達と言葉のやりとりをしながらイメージを共有していく

　子どもたちは「パーティー」という言葉からイメージすることを自分なりに表現して楽しんでいます。マサミはパーティーから「ごちそう」をイメージしました。また、サリナはマサミの「ごちそう」という言葉から、「お肉やスープ、ジュース」をイメージしています。2人のイメージはお互いに言葉をやりとりするなかでつながり、パーティーごっこが楽しく展開しています。一方、ユウはパーティーから「お手紙」をイメージしましたが言葉にならず、マサミとサリナに伝わりませんでした。

② イメージを代弁し友達とのやりとりを楽しめるようにかかわる

　実習生はこの女児たちのトラブルに、「とんとん、お邪魔します。何かありましたか」とパーティーごっこのイメージを壊さないようにうまくかかわっています。そして、それぞれの思いを聞き出し、ユウのパーティーごっこのイメージを言葉にしてマサミやサリナに伝えています。この時期の子どもたちはイメージが豊かになって、それをその子どもなりの方法で表現しようとしますが、ときにそうした表現が友達にはうまく伝わらないこともよく起こります。そのようなときは、この実習生のように子どものイメージを代弁し伝えることが重要な援助になります。また、この実習生の「パーティーの準備ができたら、私も呼んでくださいね」との声かけはマサミ、サリナ、ユウの意欲をさらにかきたてたことでしょう。実習生は子どものトラブルに適切にかかわることができました。しかし、実習生にもっとできることはなかったでしょうか。たとえば、「パーティーのお手紙は誰に出すのかしら」「私も呼んでくださいね、わたしはケーキも食べたいなあ」などと声をかけてもよいでしょう。子どもたちがもっと具体的にイメージをふくらますことができるような声かけや、「もっとやりたい」と楽しくなるような声かけなどがあってもよかったかもしれません。

　イメージが豊かに育っていくこの時期に、子どもたちはごっこ遊びのなかでさまざまに表現をします。保育者は子ども一人ひとりのイメージをよく理解し、ときに代弁しながら友達に伝えていく援助が重要になります。

> **CHECK POINT**
> - 友達と言葉のやりとりを楽しめるようにする
> - 一人ひとりの子どもがイメージしたことを理解し、必要に応じて代弁する
> - 子どものイメージがさらに豊かになるようなかかわりを工夫する

ごっこ遊び

5歳児 12月

　この時期になると、イメージがさらに豊かになるとともに、そのイメージをさまざまな方法で表現することもできるようになり、ごっこ遊びはさらに楽しく展開していきます。また、子ども同士で役割分担をしたり、協力して遊びを進めていくことができるようになるので、複雑で手の込んだごっこ遊びを楽しむようにもなります。

事例　「レストランをやろう」

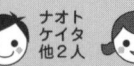

12月　5歳児　9人
ナオト　ケイタ　他2人
ミク　カオル　他3人

　保育室に用意された毛糸からスパゲティや焼きそばをイメージしたナオトとケイタがままごとコーナーのフライパンで料理をはじめた。2人は炒めたスパゲティや焼きそばをお皿の上に並べる。それを見たミクとカオルが「おいしそう。くださいな」とやってくる。ナオトたちはうれしそうに「どうぞおかけください」とミクたちをなかに招き入れる。ミクは「ねぇ、ここレストラン？」と言うと、ナオトは「そう！　レストランなんです。レストランをやろう」と言い、レストランごっこがはじまった。
　ミクは「レストランにはメニューがないと！　私メニューつくる」と張り切っている。カオルも「じゃあ、メニューの料理をもっとつくらなきゃ」と料理をはじめる。ナオトとケイタも一緒に、料理をつくりはじめた。空き箱を探してきてラーメンのどんぶりにしたり、画用紙でオムライスをつくったり、それぞれがイメージした料理をさまざまな素材を使って形にしていくことが楽しい様子である。そんな楽しそうな様子に、ハジメ、リキ、マイ、アヤ、ナオたちも仲間に入ってきた。「レストランの看板もつくらなきゃ」「わたしは、お金とレジをつくる」「テーブルとイスも必要ね。どこに並べる」と子どもたちは自分たちが考えたことを言葉にし、相談しながらレストランをつくっていった。それぞれの役がきまって、レストランを開店することになったが、「お客さんがいない」ことに気づき、ナオトが実習生を呼びにくる。実習生は「すてきなレストランね。何がありますか？」と言うと、ミクがメニューをもってきて「何がいいですか？」と言う。「オムライスをください」と言うと、「かしこまりました」とそのやりとりを楽しんでいる。奥では、ナオトとケイタ、カオルが料理をしている。料理はアヤが運んでくる。実習生は美味しそうに食べるまねをして「ごちそうさま」と言うと、「お金はここで払ってください」とマイとナオたちが会計をしてくれる。子どもたちはそれぞれの役割をとても楽しんでいたが、お客さんの役がいなかったので、実習生が何度もお客さんになってかかわっていた。

① イメージを出し合い、協力して遊びを進めていく楽しさを味わう

　毛糸という1つの素材からスパゲティや焼きそばがイメージされ、子どもたちの豊かな発想でレストランごっこがはじまりました。子どもたちはイメージしたことを言葉にし、その言葉に刺激されるようにまたイメージをふくらませています。友達とイメージを出し合い、相談、協力しながら、それぞれが得意なことややりたいことを担当し進めていくなかで、楽しいレストランごっこが展開されています。

　実習生がお客さんとしてきてくれたことは子どもたちにとってうれしかったことでしょう。しかし、他にもお客さんがいればもっと楽しめたのではないでしょうか。

② 自分たちの力で遊びを進めていく姿を大切にする

　子どもたちは、さまざまな素材が豊富に用意された環境のもと、イメージを豊かにふくらませ、保育者や実習生の力を借りなくても自分たちでお互いに協力しながらレストランごっこを楽しんでいます。実習生はそのような子どもたちのなかに無理に入っていくのではなく、お客さんとして子どもの求めに応じてかかわることができています。実習生がお客さんになって、「すてきなレストランね。何がありますか?」と声をかけたり、美味しそうにオムライスを食べるまねをしたりすることは、子どもたちの遊びをさらに楽しいものにしたことでしょう。

　しかし、実習生が他の子どもも誘ってレストランにくるなど、もっとお客さんとのやりとりが楽しめるような援助があるとよかったのではないでしょうか。他クラスの子どもを誘ってもよいでしょう。またお客さんを呼ぶために子どもたちとチラシをつくったり、呼び込みにいくなど、さまざまな工夫が考えられます。

　この時期の子どもたちは自分たちで協力しながら遊びを進めていくことができるようになるので、そうした子どもの姿を大切にしてかかわることが求められます。しかし、その背景には子どもがイメージを豊かにふくらませ、そのイメージを実現できる環境の存在が重要であることも心に留めておきたいものです。また、子どもたちの力だけではむずかしいこともあります。子どもたちが必要としていることにつねに意識を向けながら適切にかかわることも必要なのです。

> **CHECK POINT**
> ● 友達とイメージを出し合い協力して、遊びを進めていく楽しさを味わえるようにする
> ● 子どもがイメージを豊かにふくらませそのイメージを実現できる環境を用意する

🐰 Column　帽子をつくっていろいろな人になってみよう

帽子をかぶれば、看護師さんや海賊船の船長さん、ハンバーガーショップの店員さんにもなれます。帽子をつくっていろいろな人になってみましょう。新聞紙や大きな広告紙を使ってつくります。

❋ 看護師さんの帽子　材料：正方形の紙

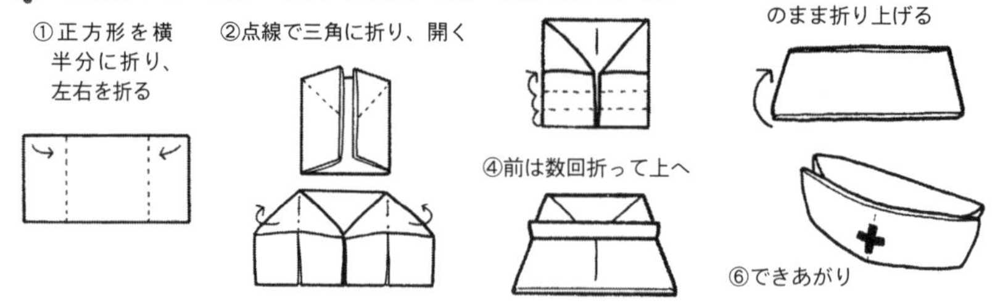

① 正方形を横半分に折り、左右を折る
② 点線で三角に折り、開く
③ 横は後ろ側に折る
④ 前は数回折って上へ
⑤ 後ろは下の部分をそのまま折り上げる
⑥ できあがり

❋ 海賊船の船長さんの帽子　材料：長方形の紙（新聞紙など）

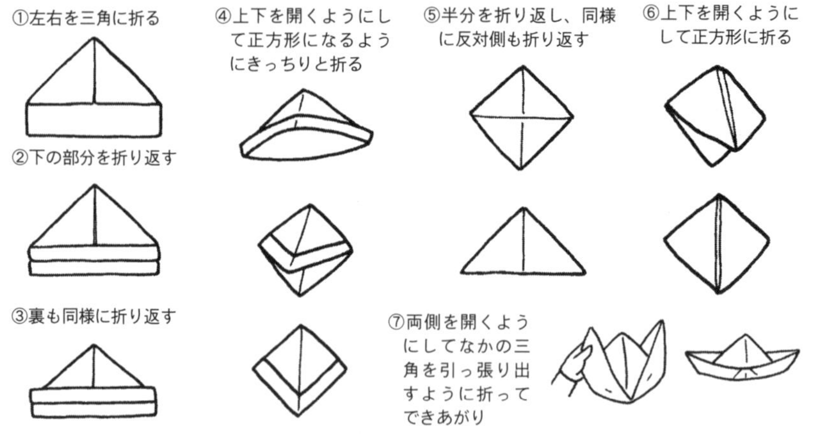

① 左右を三角に折る
② 下の部分を折り返す
③ 裏も同様に折り返す
④ 上下を開くようにして正方形になるようにきっちりと折る
⑤ 半分を折り返し、同様に反対側も折り返す
⑥ 上下を開くようにして正方形に折る
⑦ 両側を開くようにしてなかの三角を引っ張り出すように折ってできあがり

❋ ハンバーガーショップの店員さんの帽子　材料：長方形の紙（新聞紙など）

① 左右を三角に折る
② 下の部分を折り返す
③ ひっくり返す
④ 左右を真ん中まで折る
⑤ 反対も同様に折る
⑥ 折れ線をつけるため折り上げる
⑦ 下におろして、半分にして折り込む
⑧ 三角に折るとできあがり

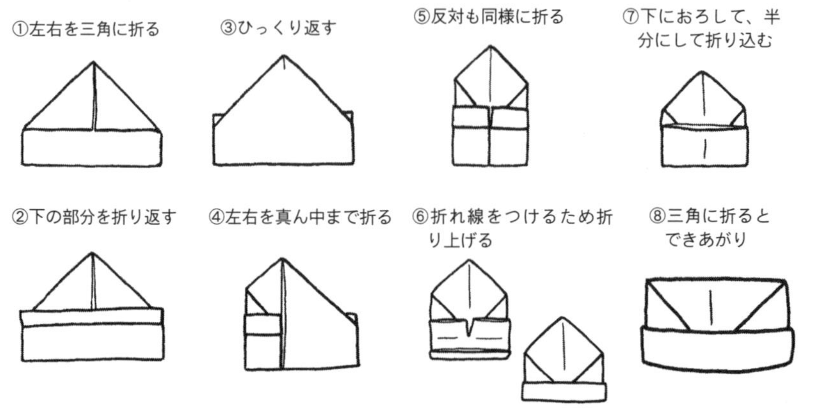

Practice
実践 4

粘 土

　粘土は子どもにとって大変魅力的な素材です。子どもは粘土遊びのなかで粘土の感触を楽しみ、多様な動作（さわる・つつく・こねる・ねじる・引っ張る・ちぎる・たたく・のばす・丸める・運ぶなど）を経験します。形がかわるおもしろさを味わい、できた形を何かに見立てたり、つくりたいものをつくる楽しさやできた喜びを味わいます。やり直しができたり、壊して違うものをつくることができることも粘土遊びの魅力でしょう。遊びながらエネルギーを発散したり解放感を味わったり、気持ちを落ち着けたりすることもあります。できたものでごっこ遊びをはじめる姿もよく見られます。

　保育の場での粘土遊びには、テーブルの上で遊ぶ、床の上で友達と一緒に遊ぶ、戸外で全身を使ってダイナミックに遊ぶなどさまざまな遊び方があります。手で扱うだけでなく、型や棒、ヘラやローラーなどの道具を使うと、型押しや型抜き、つなげる・組み立てる、通す・刺す、模様をつける、伸ばして広げるなどを楽しむこともできます。また、おはじき・ビー玉・ボタン・毛糸・木の実や葉などを取り入れて造形活動をしたり、版画の台にすることもあります。

　粘土の種類や1人の子どもが扱う量は、粘土の材質や硬度を考慮して、年齢や発達、粘土遊びの経験、保育のねらいに合わせてきめます。実習生はそれぞれの粘土にふれて、その楽しさと特徴を把握しておくとよいでしょう。

粘土 援助のポイント！

遊びのまえに服装の確認をする

粘土遊びのまえには、スモックを着る・袖口をまくる・髪を結ぶなど、汚れを気にせず動作を妨げない遊びやすい状態をつくるようにしたい。泥粘土では、汚れを気にせず思い切り遊べるように、汚れてもよい服装になっているかどうか確認する。

粘土の感触を楽しめるようにする

粘土遊びの楽しさは、まず感触を楽しむことにある。何かをつくることを目的とするのではなく、たださわる、つつく、押しつける、転がす、こねるなど、自由にふれて粘土の性質を確かめたり、満足するまで感触を楽しむことを大切にしたい。

実習生も一緒に楽しそうに遊ぶ

感触を十分に楽しめたら、ぎゅっと握る、ねじる、引っ張る、ちぎる、たたく、丸める、のばす、両手の平でひも状にするなど、さまざまな扱い方がわかるように教えるのではなく、見てまねができるように、子どもの近くで一緒に楽しそうに遊ぶかかわりも大切である。

できたものや見立てにふさわしい言葉で応じる援助

「上手だね」「すごいね」と言うだけでなく、「細いのができたね」「たくさんあるね」などその状態を具体的な表現で認めるようにする。偶然できた形を何かに見立てたときには「すてきな○○だね」「おいしそう」など見立てたものにふさわしい表現で応じるようにしたい。

大人の目線できめつけず、つくる過程を見守る

子どもが自分なりのイメージをもって何かをつくろうとしているときには「○○つくっているの」「○○でしょう」などのきめつけた言い方に気をつけよう。子どもは違うものをつくっているのかもしれない。「大きくなったね」など、過程を見守る援助を大切にしよう。

子ども自身が自ら気づける工夫をする

イメージどおりにつくれない様子が見られたときには、すぐに教えたり手伝ったりするのではなく、近くで同じものをつくってみる、さりげなく材料や道具を用意する、ヒントになるようなアドバイスをするなど、うまくいく方法に子ども自身が気づけるような工夫ができるとよい。

友達のよさにも気づけるような働きかけをする

できあがった作品だけでなく、つくる過程やそれぞれの子どもの発想や工夫も認めるようにする。友達の作品のよさや工夫に気づけるような言葉かけや働きかけをすることも大切である。みんなの作品をもち寄るとおもしろいことや、共通のテーマでつくる楽しさも知らせたい。

片づけの方法を考え遊びがつながる配慮

片づけのとき、子どもたちにつくったものを壊したくない気持ちがあれば、保育者に相談して「飾る」配慮ができるとよい。続きをつくりたい気持ちがあれば、そのまま置いておく、そのまま片づけるなど、続きができるような方法を考え、遊びがつながる配慮ができるとよい。

Q&A 実習でこんな場面に出会ったらどうかかわる？

Q 粘土遊びをしている子どもにかかわるときは？

粘土遊びをしているところにどのように入っていったらいいですか。

A 年齢が高くてもかならずしも何かをつくろうとしているのではなく、感触を楽しんでいたり、気持ちを発散させたり、解放感を味わっていることもあります。子どもの様子をよく見て声をかけましょう。「何してるの」「何をつくっているの」と聞くよりも「気持ちいいね」「ペタペタペタ」など楽しんでいることを言葉で表現してみましょう。つくっているものがわかれば「すてきな○○だね」「おいしそうな○○だね」と感想を伝えるとよいでしょう。一生懸命集中して取り組んでいるときはしばらく様子を見守り、タイミングをみて声をかけるようにしましょう。

子どもの粘土を使うときは、「貸してね」と声をかけてから遊んでください。

Q 粘土遊びを楽しくするためにできることはある？

子どもたちの粘土遊びが発展したり、より楽しくなるような工夫をしたいと思いますが、実習生にできることはありますか。

A まず、子どもたちの遊びをよく観察して、何を楽しんでいるのかを読み取る努力をしてください。準備しておいたものをさりげなく提供する援助の方法もあります。たとえば、いろいろな型や容器を用意して、型抜きをしたり、容器を使って遊べるようにしてみましょう。ストローやアイスの棒など先のとがっていない棒状のもの、ボタン・おはじきなど色のきれいなもの、どんぐりなどの木の実などを用意して、粘土と組み合わせると遊びが広がります。トレーやきれいな敷物を用意して、作品を並べてミニ展覧会をしても楽しいでしょう。

Q 子どもに「やって」と言われたらどうすればいいの？

子どもに「やって」「○○つくって」と言われましたが、自分でつくるように言ったほうがよいでしょうか。

A 子どもから頼まれたときには、自分でつくれないのか、本当はできるけれど実習生に甘えているのかなどを考えてみましょう。実習生に甘えているのであれば「いいよ」と受け入れる、「1つだけね」と一部受け入れる、「一緒につくろう」と一緒にする、「できるかな、見ているよ」と見守ることを伝えるなど、子どもの気持ちを受け入れながら、自分でできるようにしていくことが求められます。本当にできなくて助けを求めている場合には、全面的に手伝う、少しだけ手伝う、子どものそばでつまづいているところを同じようにつくってみせる、ヒントを与えるなどの援助もあるので、子どもの状態や反応を読み取りながら援助を考えて行ってみましょう。

粘 土

低年齢児 0〜2歳

1歳後期から2歳になると保育者や友達の模倣をしたり、見立て遊びを楽しむようになります。手指を使った遊びも楽しくなるので、保育者の言葉が理解でき何でも口に入れなくなれば粘土遊びが楽しめます。はじめは何かをつくるのではなく、つついたりさわったりして感触を楽しみます。保育者のさまざまな動作を見て、まねをしながらいろいろな形ができることを知り、同じものをいくつもつくって並べたり、できた形にあとから名前をつけて遊びます。

事例　「虫がたくさん」

9月　2歳児　6人
ユウスケ・トオル・シンヤ／ナツミ・メグミ・タエコ

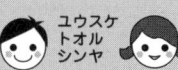

　午後のおやつの後、保育室で「お姉さん先生のお手伝いしてくれますか」とユウスケとナツミに声をかけるとうれしそうに「うん」とやってきた。一緒にテーブルクロスを広げて、小麦粉粘土を真ん中においた。「これなぁに」と言う2人に手を出すように言い、小麦粉粘土を握りこぶし大にちぎって丸めて手渡した。2人はすぐに両手にもってさわりはじめ丸めようとしたり指でつついたりしている。そこへ「メグも！」とメグミが加わり、トオルが空いているイスに座ったので2人にも粘土を渡す。トオルはこわごわとにおいをかいでいる。

　実習生がテーブルの上で転がして見せると、ナツミとメグミも同じようにまねをする。ちぎって両手をこすり合わせてひもをつくると、ユウスケもまねをしてひもをつくりはじめた。「わぁ、ニョロニョロさんだね」と声をかけると「ヘビ」とうれしそうに実習生の顔を見た。ユウスケはヘビをはわせて遊びはじめ、テーブルから離れて絵本やブロックの上で遊びはじめた。実習生がお団子をつくって見せながら「ヘビさん、ごはんですよ。帰ってきてください」と言うと、戻ってきて実習生のお団子をヘビに食べさせて、またテーブルの上で遊びはじめる。ずっとユウスケを見ていたトオルも両手を合わせて細いひもをつくりはじめた。「細いのできたね」と声をかけると「ヘビ」と言いながら、いくつも同じものをつくって並べている。

　メグミは粘土が乾燥してポロポロとちぎれ、悲しそうな顔をしている。「小さいのがいるね。ありさん」と聞くと「うん、ありさん」とうれしそうな表情にかわった。

　ユウスケはヘビをちぎって丸めてたくさん並べている。実習生が「わぁ、たくさんいる」と驚いたように言うと「ダンゴ虫」と言う。ナツミもまねをしてつくりはじめた。シンヤやタエコも遊びに加わり、たくさんの虫がテーブルの上に並んだ。

① 見立てることを楽しむ粘土遊び

　ユウスケとナツミは小麦粉粘土に興味を示し、すぐに粘土遊びがはじまりました。2人の様子に誘われてメグミとトオルが遊びに加わります。トオルは興味はあるけれどすぐに手を出さず慎重に確かめ、友達の様子を見て安心してから遊びはじめます。
　子どもたちは実習生や友達の動作をまねて粘土の形が変化することを楽しみ、細長いひも状のものをヘビに、偶然ちぎれた小さなものをアリに見立てて喜んでいることが読み取れます。ユウスケは実習生や友達の見立てに影響されて身近な虫を思い出したのでしょう。小さく丸めた粘土をダンゴ虫に見立てました。子どもたちはいろいろな形ができることやできた形を何かに見立てる粘土遊びを楽しんでいます。

② 子どもの様子をとらえた言葉かけと自然なかかわり

　実習生はやわらかく扱いやすい小麦粉粘土を用意し、手伝いを頼みながら遊びに誘いました。適当な量の粘土を渡し、遊び方を教えるのではなく、子どものまえで粘土を扱います。この働きかけによって、子どもは無理なく粘土に興味をもちスムーズに遊びはじめました。遊び方を押しつけない援助ができたといえるでしょう。
　ユウスケへの言葉かけからは、ヘビやダンゴ虫の見立てが生まれました。ユウスケがテーブルを離れたときには「ここで遊んで」と注意するのではなく、団子をつくりヘビのごはんに見立てて呼びかけています。また、悲しそうなメグミの表情を見逃さず、アリに見立てる言葉をかけました。遊びの楽しさをそこなわないかかわりができたといえるでしょう。慎重な態度を示すトオルには早く慣れるようにかかわるのではなく、しばらく様子を見ていて遊びはじめたところでかかわっています。
　子どもの遊びの様子をとらえた言葉かけと、無理のない援助ができました。

　低年齢児の粘土遊びには、粘土の感触、いろいろな動作、形の変化、見立てる楽しさ、できたもので遊ぶ楽しさがあります。一緒に遊びながら一人ひとりのしていることを言葉で表現し、より楽しさが感じられるような援助ができるとよいでしょう。

> **CHECK POINT**
> - 感触を楽しめるようにし、子どもの遊び方を尊重する（遊び方を教えない）
> - 一緒に遊びながら、子どもが楽しんでいることを言葉にして表現する
> - 偶然できたものへの命名や見立てに共感し、楽しい雰囲気をつくる

3歳児 11月　粘土

　手指の力もだいぶつき、少しかたい粘土のかたまりも力を入れて扱って分割できるようになります。偶然にできた形に意味づけをする遊びから、ひもや団子が上手につくれるようになり、形を変えて何かをつくる喜びを感じるようになっていきます。道具を使って型押しや型抜き、模様をつけることも楽しむようになります。

　言葉の数が飛躍的に増えおしゃべりが盛んになる時期で、粘土を介して保育者や友達との会話を楽しみ、粘土遊びからごっこ遊びに発展することもあります。

事例　「かたくなっちゃったね」

11月　3歳児　4人
ヒデカズ　タイチ　ナツコ　マサコ

　月曜日の朝の保育室。テーブルの上に大きな粘土板が敷かれ、週末に遊んだ油粘土のかたまりが置かれている。それを見つけたヒデカズは両手でこねはじめる。「かたくなっちゃったね」と実習生が言うと「うーん。パワーぜんかい」と机に押しつけてたたく。実習生が「ヒデちゃん、力もち」と声をかけると、ますます力を入れてこねる。実習生も「かたいね。やわらかくなぁーれ。よいしょ。よいしょ」と言いながらこねる。ナツコ、マサコがきて、「入れて」「わたしもやる」と粘土をこねはじめた。「かたいよー」「力を入れてー」「ミラクルパワー」と言いながら、たたいたり、つぶしたり、こねたりをくり返している。やわらかくなると、ちぎって丸めたり、ひもをつくって端をつなげたりしている。

　金曜日に欠席したタイチ（途中入園児）が来たが、手を出さずにじっと見ている。実習生が「タイチくんも遊ぼう」と誘ってみるが黙ったままである。粘土のかたまりを渡そうとすると両手を後ろに引っ込めてしまう。「おもしろいよ、一緒に遊ぼう」と、もう一度渡そうとするが、首を振ってその場を離れてしまう。保育者が「タイちゃん、みんなのこと見てようか」と声をかけると「うん」と言って、保育者と一緒に近くに来てみんなが遊んでいる様子を見ている。

　ナツコは粘土を丸めて「ぶどうだよ。甘いよ」と実習生に見せた。実習生が食べるまねをして「あーおいしい。甘いね」と言うと、うれしそうにまたつくりはじめた。それを見ていたマサコは少し大きく丸めて「リンゴ、どうぞ」と実習生に差し出した。同じようにマサコのリンゴも食べるまねをすると、マサコも満面の笑顔を見せた。ナツコからたくさんのぶどうを差し出されたので、一つひとつ食べながら「すーっぱい」と顔をゆがめて体を反らせると、ナツコとマサコは顔を見合わせて笑っている。

　タイチの距離がテーブルに近くなり笑顔が見られるようになった。まだ手は後ろに組んだままだが、実習生が笑いかけると笑顔を見せるようになった。

① 実習生や友達と楽しむ粘土遊び

　週末に遊んだ粘土と楽しそうな雰囲気に誘われ、自発的な粘土遊びがはじまりました。子どもたちはかたくなった粘土をこねることや形をつくり出すこと、実習生と会話ややりとりをすることを楽しんでいます。
　タイチは興味はあるけれど、親しみの少ない実習生と経験のない遊びに慎重な態度を見せていますが、友達と実習生のやりとりを間接的に楽しめたのでしょう。笑顔を見せ粘土までの距離が縮まっています。

② 自発的な遊びのための環境構成と無理をしない楽しいかかわり

　前週に経験した遊びが楽しめる環境構成のなかで、実習生は子どもと一緒に遊び、楽しい雰囲気をつくることができました。実習生がヒデカズのしていることを認め、同じことをすることで、ヒデカズはうれしさを感じ意欲がもてたようです。このかかわりはほかの子どもたちが楽しさを感じる間接的な働きかけにもなり、自発的な遊びへの参加につながりました。
　つくったものを食べてほしいというナツコとマサコの要求もうまく受け止め、楽しいやりとりができました。実習生の「甘い」「すっぱい」という反応の変化が子どものおもしろさになり、直接的なかかわりがなかったナツコとマサコは顔を見合わせ楽しさを共有しています。
　戸惑いや慎重な態度を見せるタイチには、いきなり遊びに誘ったり粘土を手渡そうとするのではなく、「おもしろいから見ていてね」という働きかけをすると、遊びのまえに安心感や見る楽しさが感じられたかもしれません。

　実習生には、子どもが自発的に遊びに入れるような楽しい雰囲気をつくる、一緒に楽しそうに遊ぶ、子どもの言動やつくったものについて適切な言葉や表現で応答する、慎重な態度の子どもには安心できるようにするなどの援助が求められます。

> **CHECK POINT**
> - 安心して自分から粘土遊びがはじめられるような環境と雰囲気をつくる
> - 子どもが実習生に親しみをもち、やりとりの楽しさが味わえるようにかかわる
> - 粘土に抵抗を示す子どもには無理強いせずに見て楽しめるようにする

粘　土

4歳児 2月

　これまでつくっていたような単純なものだけではなく、目のまえにないものをイメージし、自分なりの目当てをもって何かをつくるようになります。ものの特性を表現しようとしますが、技法や工夫する力が伴わずうまくいかないことがあります。

　仲間意識が芽生え友達と同じことをする楽しさを感じ、友達の行動や作品に目が向き、教えたり教えられたり、ときには協力する姿も見られるようになっていきます。

事例　「ゾウをつくりたい」

2月　4歳児　2人

コウヤ・ソラ

　コウヤとソラは「粘土しよう」と誘い合って、道具箱から粘土のケースと粘土板を出し、となり合わせに座って遊びはじめた。コウヤは細いひも状にした粘土を粘土板の上に並べ線路にし、電車づくりに取りかかる。ソラは「大きくて鼻が長いんだ」と言いながら動物園で見たゾウをつくろうとしている。まず4本の足をつくり、その上に大きい胴体をのせた。大きな丸い頭に長い鼻をつけようとするがうまくつかない。あきらめて鼻のない頭を胴体につけようとするが重過ぎて落ちてしまう。何度かくり返すが思いどおりにならない。コウヤが「こうすれば」と手を出すが失敗してしまう。

　そこで実習生が「少し粘土貸して」と声をかけ「子どものゾウをつくろう」と言いながら2人の前に座った。ソラは実習生に熱心につくり方を説明する。実習生はそれを聞きながらつくり、鼻の粘土を少しずつ伸ばして頭につけた。今度はソラがそれを見て同じようにやってみる。「これむずかしいんだよね」と言いながら実習生が頭を胴体につけようとすると、ソラもコウヤも「うん、むずかしいんだ」と賛同する。実習生は製作コーナーから短い棒をもってきて、頭と胴体に刺して接合した。「どこにあったの」とコウヤが聞き、2人は製作コーナーから短い棒をもってきた。ソラはそれを頭に刺し胴体にも刺そうとするがうまくいかない。「コウくん、もっててあげたら」と実習生が提案し、コウヤが頭を押さえソラが粘土を薄く伸ばし大きいゾウを完成させた。コウヤは笑顔で「やったね」と言い、ソラもうれしそうに笑った。そして「できたぁ。せんせい見て」と担任保育者に知らせに行った。

① 友達と協力しつまずきを乗り越える

　ソラとコウヤの粘土遊びはそれぞれ興味のあるものをつくっているところからはじまりました。しかし、コウヤはソラが困っている様子に気づき、自分がつくっていたものはそのままにしてソラを手伝います。ソラはどっしりとしたゾウをつくりたかったようですが、2つのかたまりの接合がうまくいきません。コウヤも協力しますがうまくいきません。その後、近くで同じものをつくる実習生のまねをし、コウヤの力も借りてゾウを完成させます。ソラはつまずきを乗り越えて自分でゾウをつくれたことに喜びと達成感を感じているようです。

　コウヤもソラを手伝いながら、いつの間にかソラと一緒にゾウをつくっているような気持ちになったのではないでしょうか。ゾウの完成を一緒に喜んでいます。

② 子どもが自分の力で「できた」と感じられる援助

　実習生は子どもの様子を見ていて、ソラがゾウをつくろうとしていることを読み取り、2つの粘土の接合ができないことに気づきました。つけ方を教えたり、手伝うのではなく、見てまねられるように子どもの近くで同じようにつくっています。また、頭と胴をつなぐ棒は子どもが用意するように自分の分だけ用意して、「自分（たち）でつくった」と思えるような援助をしています。

　また、実習生はコウヤが熱心にソラを助けようとしている姿を大切にしています。実習生が手伝うのではなく、コウヤが手を貸せるようにタイミングをとらえて声をかけ、コウヤはできあがりの瞬間をソラと一緒に喜ぶことができました。ゾウの完成は2人にとって楽しい経験になったことでしょう。実習生の配慮によって、「自分でつくった」と思えたことは達成感や自信につながります。また、友達と一緒につまずきを乗り越えた喜びは仲間意識につながっていくでしょう。

　子どもは思いどおりにできないと壊してしまうことがあります。子どものつまずきに寄り添い、見てまねられるようにかかわる、友達と助け合う・教え合う雰囲気をつくるなど、子どもが自分（たち）でできたと思えるような援助をしたいものです。

> **CHECK POINT**
> ● 子どもが「自分でつくった」と思えるような援助を心がける
> ● 子どものつまずきに共感し、傍らでまねられるように同じことをする
> ● 友達に対する気持ちを尊重し、子ども同士のかかわりを大切にする

5歳児 9月　粘　土

　全身の運動機能が発達し体力・腕力・握力がつき、重量感のある大きなかたまりの粘土を扱って大胆に遊ぶようになります。大人の手を借りずに準備の段階から友達と協力し相談してきめたり、創意工夫をしながら遊びを発展させることもできるようになっていきます。友達とイメージを共有することが楽しくなるので、共通のテーマをきめて役割分担したり、それぞれの作品をもち寄って大きな作品にする場面も見られます。遊びが充実すると別の時間や次の日に継続していくこともあります。

事例　「園庭に広がる泥粘土の道づくり」

9月　5歳児　6人
タカオ／ノブユキ／コウジ／ヒロキ／ノゾミ／ユミ

　快晴の朝、園庭に大きな粘土板が出されている。タカオ、ノブユキ、コウジ、ノゾミ、ユミは体操服に着替え裸足になって園庭に出ると、ふた付きのバケツを運んできて泥粘土を出して遊びはじめた。タカオがかたくなった粘土に水をかけると、他の子どもたちが手でこねる。しばらくヌルヌルした感触を楽しんでいたが、上に乗って足で踏みはじめる。ツルツルすべる感触が楽しくなり、みんなで歓声をあげて喜んでいる。

　しばらくするとタカオが「何つくる」とノブユキとコウジと相談をはじめた。「おれ恐竜。すごい大きいのつくる」とコウジは恐竜をつくりはじめた。タカオとノブユキは道をつくることにしたようで、細長い粘土を直線や曲線にしてつないでいく。

　実習生は泥粘土のバケツをいくつか運んで、「すごい道だね。どこまで続くの」と声をかけた。「アメリカまでいくんだよ」「こっちは中国」とノブユキとタカオが答える。コウジは「ここ恐竜の国。ここ行き止まりなの。恐竜と対戦して勝ったら通れるんだ」と得意げに説明する。あとから参加したヒロキも恐竜をつくって並べている。ケーキや果物をつくっていたノゾミとユミも「ここはお菓子の国」といつの間にか道づくりに参加していた。実習生が「一緒に道つくってもいい」と聞くと、タカオが「いいよ。すごく長い道にしたいのね。先生がんばってよ」と実習生を受け入れる。

　粘土がなくなると「これ使っていいよ」と友達に粘土を差し出し、粘土が乾くと「水汲んでくる」と声をかけて水場に走っていく。「おれこっちつくるからコウジあっちね」と友達と手分けして遊んでいる。山・トンネル・坂道・曲がった道・複雑に入り組んだ迷路のような道が広がっていった。いつの間にか人数も増え、昼食前までこの遊びが続いた。「またあとで遊ぼう」と声をかけ合い、昼食後に続きをしたいと保育者に伝えていた。

① 子どもたちの自発的な遊び「またあとで遊ぼう」

　服装や遊びの準備など保育者の手を借りずに自発的に遊びがはじまりました。泥粘土の扱いにも慣れていて、友達と一緒に泥粘土の感触を楽しんでから、それぞれ興味のあるものをつくりはじめています。タカオとノブユキの楽しそうな雰囲気に惹かれたのでしょう。コウジ・ノゾミ・ユミは自分たちの遊びをうまく活かしながら、「道づくり」に参加しています。子ども同士で相談する・ゆずる・声をかける・分担するなど友達とうまくかかわり、遊びが広がり発展していく様子が読み取れます。昼食のために遊びを終わらせなければならないことや続きができることを理解しています。続きをしたいと思うのは、この遊びが楽しく充実したものであったことの証でしょう。

② 子どもの自発的な遊びを支える援助

　実習生ははじめ、遊びに加わろうとはせず、子どもの感触を楽しむ様子や大きなものをつくりはじめる様子を見ていて、タカオとノブユキに2人が楽しんでいることを尊重した言葉かけをしています。2人の受け答えには外国の名前が出てくるなど、道のイメージはさらに広がったようです。子どもの遊びを尊重しながら自分も一緒に遊びたいと伝えると、実習生は仲間として受け入れられました。

　また、実習生は粘土が足りなくなるかもしれないと思い、粘土を全部運んでから遊びに加わっています。粘土がなければ広がりのある道づくりは実現しなかったかもしれません。遊びの方向性をとらえた環境構成（準備）ができたといえるでしょう。しかし、粘土が足りないことに子どもが気づき、どうするか考えて行動する機会はなくなってしまったとも言えます。環境構成や援助をどのようにどの程度するのかはむずかしいことですが、時期や子どもたちの遊びの様子を考慮して考えることが大切です。

　子ども同士が自発的に遊びはじめ、感触を楽しんだり、協力して何かをつくろうとしているときには、友達同士のかかわりを尊重し、協力している過程を見守ることで子ども主体の遊びが実現します。実習生は子どもの遊びを壊さないように環境構成（準備）をしたり、遊びをリードしない仲間として遊びに加わるとよいでしょう。

> **CHECK POINT**
> - 子どもの自発的な遊びや喜び・楽しみを尊重する
> - 子ども同士のかかわりやイメージを大切にしてかかわる
> - 遊びをリードしすぎないように、仲間として遊びに参加する

Column　粘土の種類と特徴

❀ **小麦粉粘土**
　　はじめての粘土遊びや年齢の低い子ども、力の弱い子どもなどに適したやわらかく扱いやすい粘土です。市販のものもありますが、小麦粉と水で比較的簡単につくることができます。食紅などで色をつけて楽しむこともできます。年齢の高い子どもと一緒に小麦粉粘土をつくるところから楽しむのもよいでしょう。放置すると腐敗したりカビが生えやすいので扱いには十分注意しましょう。ラップなどでくるみ冷蔵庫で2〜3日は保存できますが、長期保存はできません。（注意：小麦粉アレルギーのある子どもは遊ぶことができません）

❀ **油粘土**
　　長期保存ができ、くり返し遊べて簡単に扱える粘土です。幼稚園や保育所によっては、道具箱などに個別のものがあり、子どもが管理して自由に遊んでいます。ややにおいがあり手に油が残るので、遊んだ後はかならず石けんで手洗いをするようにしましょう。気温が低いとかたくなることがあります。

❀ **蜜ろう粘土**
　　ミツバチの腹部から分泌されるロウを原料とした透明感のある粘土です。手の温もりを利用して扱いやすいやわらかさにしてから子どもに渡します。色の種類も多く、くり返し遊べますが、やや高価な市販の粘土です。

❀ **寒天粘土**
　　食用の寒天と色素でつくられた市販の粘土です。はじめての粘土遊びや年齢の低い子ども、力の弱い子どもにも扱いやすく弾力性がありちぎりやすい粘土です。においも少なく手につきにくく、カビも生えません。容器に保存しておけばくり返し遊べますが比較的高価です。

❀ **泥粘土**
　　泥粘土は水を加えてかたさを調節して遊びます。外遊びに適し、友達と一緒に大きなものをつくったり、ダイナミックに全身を使って遊ぶことができ、解放感を味わうことができます。乾燥するとひび割れしますが、水を加えてこねると粘土の状態になるのでくり返し遊ぶことができます。

❀ **紙粘土**
　　紙粘土は成型して乾燥させ色づけやニスを塗ると長期保存ができるので作品づくりに適しています。子どもと一緒にままごとの素材づくりなどを楽しむのもよいでしょう。

Column　小麦粉粘土の材料とつくり方

材　　料：小麦粉（薄力粉）、水、塩（口に入れたときに出すくらい塩辛くなるように入れる）、油（料理用）少々、色粉（食紅など）少々

つくり方：用意した小麦粉3／4に、塩、色粉を混ぜ、少しずつ水を入れ手でこねます。はじめはベタベタと手につきますが水を入れすぎないように注意し、残っている粉と水を加減しながら入れます。できあがりの目安は耳たぶくらいのやわらかさがよいでしょう。最後に油を少量入れるとなめらかさがでます。色粉は先に水に溶いておいてもよいでしょう。

注　　意：小麦粉アレルギーの子どもは遊べません。かならず保育者に相談してから遊びましょう。

Practice 実践 5

積み木

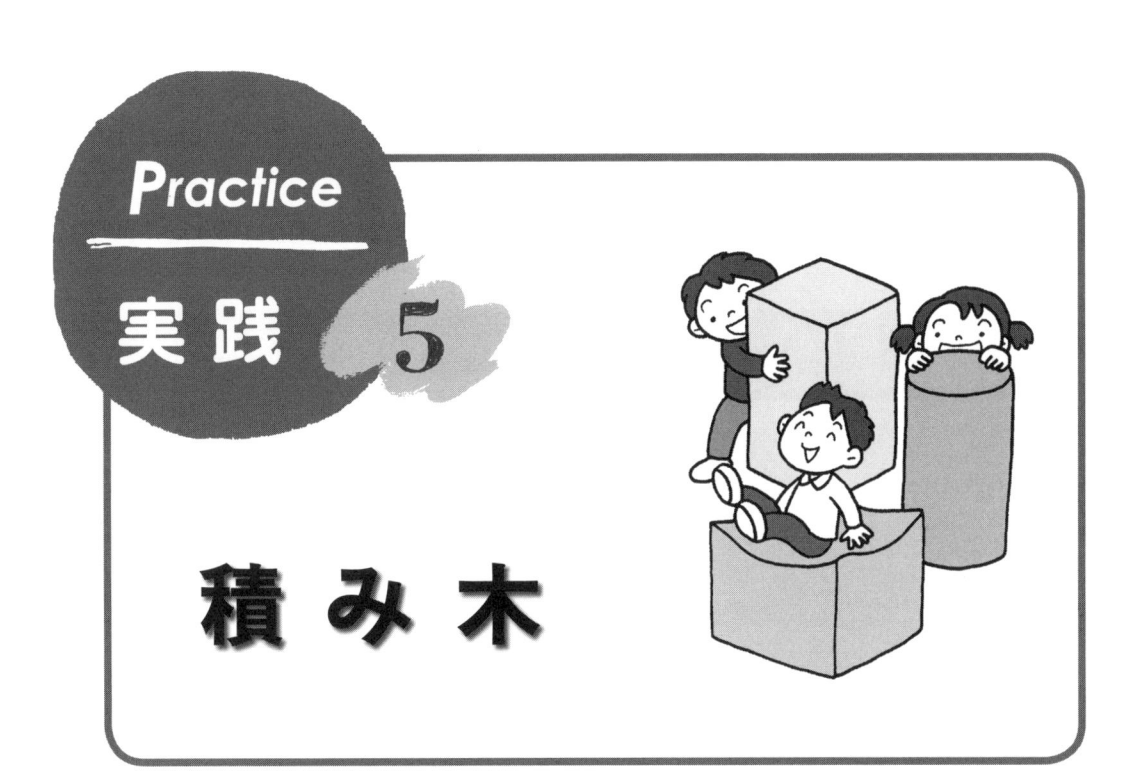

　積み木の原点はフレーベルの「恩物(おんぶつ)」で、文字どおり「木」を「積む」ことを楽しむものです。多くの幼稚園や保育所には積み木が用意されていて、子どもたちが積み木遊びを楽しむ姿が見られます。

　積み木遊びの魅力は遊び方のきまりがなく、幅広い年齢層の子どもが好きなように自由に遊べることでしょう。子どもの遊びを見ていると、並べる・積む・組み合わせる・組み立てるだけでなく、年齢の低い子どもは、なめる・かじる・落とす・打ち合わせる・散らかす・広げる・集める・見立てるなど、年齢や積み木遊びの経験によってさまざまな楽しみ方をしていることがわかります。

　また、積み木は思いどおりにならないときには崩して、何度でもやり直しができます。ブロックのようにしっかりとした接合ができず、もち運びには不向きで、注意深く扱わないと崩れてしまいますが、他の玩具ではなかなか感じられない、壊す楽しさ・崩れる楽しさ・倒れる楽しさが感じられることも積み木遊びの魅力の1つでしょう。

　積み木の代表的な素材は木ですが、他にもウレタンやプラスチック素材などの積み木もあります。大きさも子どもが片手で扱える小さなものから、全身を使ってもち運ぶ大きなものまでさまざまです。大型積み木では積み木の上に座ったり歩いたり、大きなものをつくるダイナミックな遊びを楽んでいます。

積み木 援助のポイント！

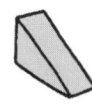

積み木遊びの楽しさが感じられるかかわり

はじめての積み木遊びは大人と一緒に遊び、大人のまねをすることからはじまる。大人が楽しそうに積んだり組み立てたりして見せることが積み木遊びの楽しさには重要である。子どもの発達や興味に応じて見立てをしたり、何ができそうかを考えて一緒に遊ぶとよい。

積み木遊びへのかかわり

積み木遊びには1人で試行錯誤しながら遊ぶ楽しさと、大人や友達と一緒に遊ぶ楽しさがある。集中して遊んでいるときには見守り、一段落したところで声をかけるとよい。また、友達とのかかわりがもてるよう実習生が一緒に楽しそうに遊ぶことも大切である。

積み木遊びの環境 ─空間の確保─

積み木を高く積むとき、大きく広がりのあるものをつくるとき、複数の子どもが一緒に遊ぶときには、ある程度の広い空間が必要である。積み木はわずかな衝撃や振動で崩れてしまうので、出入口や動きのある遊びの近くは避け、落ち着いて遊べるところに設定するとよい。

積み木遊びの環境 ─すべりにくい面の用意─

積み木遊びには水平で平らなすべりにくい面が必要である。じゅうたんやござ・やわらかいカーペットの上は不安定で、積み木がずれたり崩れたりする。遊びがマットの外に広がりにくくなることがあるが、音が気になるときにはコルクや硬いフェルトなどのマットを敷くとよい。

積み木のサイズをそろえる

積み木には基尺（コラム、p.76参照）という大きさの目安がある。基尺の異なる積み木を使うと、でこぼこができ、うまく積めない・組み合わせられないなどの不都合が生じる。積む遊び・組み合わせる遊びには基尺をそろえておくと成功しやすく、満足感・達成感が味わえる。

安全面への注意と配慮

高く積み上げた積み木が崩れ、避けられずにぶつかることがある。重量感があり角のある積み木を積むときには子どもに注意を呼びかけながら遊ぶようにする。また、大型積み木で遊ぶときには積み方やずれに注意し、場合によってはテープで補強をするなどの配慮が必要である。

片づけのときの配慮と工夫

片づけの際には、ここで崩したいか、そのままにしておいてあとで続きをしたいかなど、子どもの気持ちにそったかかわりができるとよい。
積み木の形や色をそろえる・箱にきれいに並べるなどの片づけの工夫を考え提案すると、遊びの延長として楽しく片づけができる。

積み木の点検とメンテナンス

積み木は素材や使用頻度などにより劣化することがある。ひび割れや欠けた箇所がないか、ささくれがないかなど定期的に点検し、不具合のあるものははずしておく。汚れているものは乾いた布やかたく絞った布で拭くなど、きれいな状態にしておく。

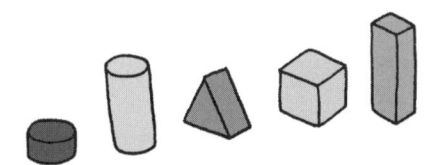

Q&A 実習でこんな場面に出会ったらどうかかわる？

Q 低年齢の子どもと遊ぶときに大切にすることは？

0・1・2歳児と積み木で遊ぶと、私が積んだ積み木をすぐに壊してしまいます。何をして遊べばよいか、どのようにかかわればよいのか教えてください。

A 低年齢の子どもの積み木遊びのはじまりは、大人と一緒に楽しく遊ぶことです。実習生は子どもの前で楽しそうに積み木を積んだり、並べたりしてみましょう。実習生が積み木を何かに見立ててお話をするのもよいでしょう。実習生が積んだり並べたりした積み木を崩して楽しむ子どももいます。崩されて残念と思う気持ちはわかりますが、低年齢の子どもには積み木を崩すことは楽しい遊びです。残念な表情をしたり注意をしたりしないで「崩れちゃったね」「またつくろう」と根気よく遊んで下さい。「崩す・積む」のくり返しから崩す楽しさだけでなく、崩れてもまた積める楽しさを感じるようになります。保育者や実習生には、子どもの行為を言葉にしてほめたり認めたりしながら、根気よく一緒に遊ぶことが求められます。

Q 友達の積み木を崩してしまった子どもへの配慮は？

高く積む遊びをしていたときに他の子どもがぶつかって、積み木が崩れてしまいました。わざとぶつかったのではないようですが、どのようにかかわればよいでしょうか。

A 子ども同士のやりとりが見られるときにはしばらく見守りましょう。一生懸命つくっていたものを壊されて悲しい・悔しい気持ちなどから、怒りの感情が出てくることもあります。ぶつかってしまった子どもを非難するような言動が見られたら、残念だと思う気持ちを認めてから、わざと壊したのではないことを伝えましょう。ぶつかった子どもには様子を見て、友達の残念な思いを伝え、わざと壊したのではないけれど、自分から謝ることができるように話してみましょう。
　最後に「もう1回・挑戦・チャレンジ・作戦開始」など子どもの気持ちが高揚するような言葉や、意欲を引き出すように少しレベルアップしたものをつくる提案をするなど、楽しい雰囲気づくりの工夫をしてみるとよいでしょう。

Q 大型積み木で遊ぶときに実習生が気をつけることは？

大型積み木で遊んだことがありません。大型積み木で遊んでいる子どもとかかわるときに気をつけること・大切にすることを教えて下さい。

A 大型積み木での遊びは全身を使ったダイナミックな動きや、大きなものをつくる遊びに適しています。1人で遊ぶこともありますが、友達とかかわりながら協力して遊ぶ楽しさを味わえます。子どもの思いを言葉で表現し、子ども同士がイメージを共有できるように一緒に遊びましょう。また、子ども同士のかかわりを大切にし、「一緒につくると大きくなるよ」と提案したり、「みんなで片づけると早くきれいになるね」などほめるかかわりをしてみましょう。扱いには「両手でもつ・前を向いて歩く・落とさない・友達にぶつからないように気をつける」などの安全面への配慮が必要です。積み木の上にのぼる・座る・はう・歩く・すべるなどの遊び方をすることもあります。危険がないように見守り、発達に応じて動作の補助をします。積み方のズレや安定感などに気を配り、必要に応じてテープで補強することもあります。

積み木

低年齢児 0〜2歳

低年齢の子どもの積み木遊びは大人が積んだ積み木を倒すことからはじまります。崩れる様子や音を十分に楽しみ、手指の力加減ができるようになると、大人のまねをして、集める・並べる・積むなどをするようになります。積み木をずれないように重ねて高くしていくことはむずかしい動作ですが、積めたときには喜びや満足感を感じ、次への意欲につながっていきます。象徴機能の発達に伴い1つの積み木を何かに見立てたり、積み木でつくったものに命名して遊ぶ姿が見られるようになります。

事例 「崩れて楽しい積み木遊び」

2月
1歳児
4人

ミキオ　シュウト　コズエ　マヤ

　1歳児クラスの保育室に積み木の箱が出されていた。コズエは長方形の積み木を指で押してから耳に当て「もしもし、ママ」と言うと、保育者が同じ積み木をもって「はいママです。今お仕事しています」と答え、言葉のやりとりをしている。

　ミキオは長方形の積み木を縦につなげて線路か道路のように長く並べている。保育者が「わー、ミキオちゃんすごい。長くなったね」と言うと保育者の顔を見てにっこりして、またつなげる遊びを続け、保育室の外の廊下にまで広がっていった。

　マヤは実習生に四角い積み木を渡した。実習生はその積み木の上に別の積み木を積んだ。マヤが別の積み木を乗せようとしたので「上手に乗るかな」と言うと、マヤはそっと積み木を置いた。「上手、上手。じゃあ今度は先生」「今度はマヤちゃん」と実習生とマヤが交互に積んでいく。実習生が数を数えるとマヤもまねをする。「すごーい、高くなったね。今度で8個」と言った瞬間に、シュウトが手を出して積み木が崩れた。「あー壊れちゃった」と実習生が残念そうに言うとマヤがシュウトに「だめでしょ」と怒った。うれしそうだったシュウトは困ったような顔をした。実習生が「よしもう1回。今度はもっと高くしよう」と言うと、マヤも「もっと高くしよう」と張り切っている。シュウトも誘って3人で積む。はじめはうまくいかずすぐに崩れてしまうが、実習生が「崩れちゃったー」とうれしそうに言うと、マヤもシュウトもうれしそうに笑う。崩れては積むをくり返し高く積むことができた。保育者に「高くなったね。お兄さん先生と一緒でいいね」と声をかけられ、2人はピョンピョンとびはねていた。

① 「見立てる・つなげる・積む」積み木遊び

　長方形の積み木を携帯電話に見立て母親と会話のふりをする子ども、同じ形の積み木を長くつなげている子ども、実習生と積む遊びを楽しむ子どもなど、同じ積み木遊びでもそれぞれの遊び方、楽しさが異なることがわかります。

　保育者はコズエの見立てを瞬時に読み取り、同じ積み木をもって母親役になり会話の相手をしています。コズエは保育者に見立てを受け止められて会話を楽しむことができました。また、ミキオの遊びの様子を見て声をかけています。ミキオも保育者につなげる遊びを認められて、安心感を得たのでしょう。遊びがさらに広がっていきました。マヤとシュウトは実習生と遊び、積む・崩れる楽しさを味わえたようです。

② 子どものしていることを認め根気よくつきあうかかわり

　実習生ははじめ、それぞれの遊びが違うことに気づきかかわりに戸惑っていましたが、保育者の様子を見て学ぶところがあったようです。実習生に積み木を渡したマヤの「一緒に遊ぼう」という気持ちにうまく応え、マヤの動作にタイミングよく声をかけ、上手にほめることができました。数を数えて言葉で高さを表現したり、交互に積み木を積むことでマヤは実習生と一緒に遊ぶ楽しさを感じたことでしょう。

　シュウトが積み木を崩してしまったときに、実習生は残念な気持ちを表現しましたが、マヤとシュウトの様子を見てすぐに「もう1回。今度はもっと高く」と2人の気持ちを切り替えて、次への意欲がもてるような働きかけをすることができました。

　途中で積み木が崩れたときにも、実習生がうれしそうにしていることによって、子どもは失敗感ではなく、崩れることも楽しいと感じながら遊ぶことができました。

　積む・崩れるの単純なくり返しに実習生が根気よく楽しそうにかかわり、マヤとシュウトは積む楽しさを感じもっと高くという意欲をもって遊ぶことができました。

　このころの積み木遊びは大人に支えられ、子どもが楽しさや喜び・次への意欲や期待をもてるようにかかわることが大切です。楽しい雰囲気をつくり、一緒に遊びながら子どもがしていることを認め、根気よくつきあうかかわりが求められます。

> **CHECK POINT**
> - 子どもと一緒に遊び、楽しい雰囲気をつくる
> - 崩す・散らかす・並べる・積むなどの遊びに根気よくつきあう
> - 散らかった積み木は踏まないようにさりげなく集めておく

3歳児 6月　積み木

　身体運動の発達・言葉の発達が進み、指先を思うように使って遊べるようになります。自分の身のまわりのこともだいぶできるようになり自信がつき、積み木遊びでも年上の子どものすることをまねようとしたり、「自分で」「ひとりで」という気持ちが強くなります。うまくいかないと怒ったり悔しがるなどして、わざと崩したり遊ばなくなるなど、かたくなな態度をとることもあるので援助が必要です。うまくできると満足感を感じ、次への期待や意欲をもって遊びを進めていきます。

事例　「自分でやるの」

6月　3歳児　1人
ダイ

　昼食後、ダイがテーブルの上で積み木を積んでいた。午前中に年長児が積んでいたように積もうとしているようだが、だいぶずれている。このままだと崩れてしまうと思い実習生がずれている箇所を直した。ダイは「自分でやるの」と怒ったように言い自分の手で崩してしまった。実習生はすぐに「ごめんね。今度はお姉さん先生見ているからね」と言うと、少し機嫌が直りまた積みはじめた。しかし、相変わらずずれていて途中で崩れてしまう。「ちょっとだけお手伝いしようか」と聞くと、「自分でやるの」とかたくなに手を借りるのを嫌がり、どこかへ行ってしまった。

　しばらくすると戻ってきてまた積みはじめた。保育者が片づけの時間になったことを告げても、ダイは自分の思うように積めず、とうとう嫌になったのか手でガシャガシャと積み木を散らかした。保育者が「ダイちゃん、もう少しだったね。悔しいね」と言うと何も言わずに下を向いている。「お片づけだから今日はもうやめる？　先生が見てるからもう1回やってみる？」と聞くと「もう1回やる」と言う。今度は保育者が見守っている。「ダイちゃん、ちょっとずれてるよ。こうやって積んでごらん」と保育者はとなりで他の積み木を使って積んで見せた。ダイはずれを直し、今までより慎重に積んでいった。自分が思っていたところまで積めたようで「できた」と保育者に言った。保育者に認められると、実習生のほうを見て「1人でやったんだよ」と得意そうに言った。「すごいね、ダイちゃん。1人でこんなに高く積めるんだね」と言うと、「うん」とうなずいて「せーの」とうれしそうに積み木を崩した。その後は自分から積み木をきちんと並べて片づけていた。

① 自分ひとりの力で積みたい子どもの気持ち

ダイには「年長児と同じように積みたい」強い気持ちがありました。しかも、自分だけの力でしたかったので、実習生がずれを直すと機嫌をそこね、積み木を崩してしまいました。ずれが修正できないので何度やってもうまくいかず、おもしろくなくなりその場を離れます。気分転換ができたのでしょうか、戻ってきて同じことをします。よほどこの積み方をしたかったのでしょう。

その後、保育者に見守られ、ずれの直し方を知り、自分が納得するところまで積めました。この経験はダイの達成感と自信になったと思われます。自ら遊びを終わりにし、きれいに片づけをする様子からはダイの満足感が読み取れます。

② ひとりでしたい気持ちを尊重した見守る援助

実習生はダイを手伝いましたが、自分の力で積みたいダイの気持ちにはそぐわない援助になってしまいました。しかし、実習生はダイの気持ちに気づき、すぐに謝り見守る援助をしています。相手が子どもであっても失敗を認め、謝る姿勢を見せることは大変重要なことです。また、子どもには誰かに見ていてほしい・認められたい欲求があります。「見ているからね」という言葉は子どもの気持ちにそった援助になりました。最後に、ダイができたことを告げたとき、実習生はダイの気持ちを受けとめ自信がもてるような言葉をかけることができました。

一方、保育者はダイの様子を見て「悔しかったね」と1人でできない気持ちに共感し、やめるか・もう1度積むかダイが選択できるようにし、手伝うのではなく、ダイにわかるようにとなりで積み木を積んで見せています。子どもの気持ちを察して、自分ひとりでできたと思える援助をしていることがわかります。

このころの子どものつまずきを次につなげるためには大人のサポートが必要です。「自分でしたい」気持ちを尊重し、見守る、励ます、アドバイスをする、了解を得て手伝う・一緒に行う・全面的に手伝うなど、様子を見て援助のあり方を考える必要があります。成功体験を大切にして自信や意欲がもてるようにかかわりたいものです。

> **CHECK POINT**
> - 自分でしたい気持ちを尊重し、必要な援助の方法を考える
> - つまずきに共感し、やめたりあきらめたりしないようにかかわる
> - 成功体験を大切にし、自信や次への意欲がもてるようにする

4歳児 1月　積み木

　手指の力のコントロールができ細かい作業ができるようになるので、小さな積み木を高く積んだり、組み合わせたりして、イメージを働かせてつくりたいものをつくろうとします。全身の発育・発達が進み体力がつき、重量感のある大きな積み木を運んで並べたり積んだり組み立てたりして規模の大きなものをつくることを楽しむようになります。ぶつかり合いもありますが、友達と協力して基地や塔などダイナミックなものをつくり、つくったもので友達と一緒に遊ぶ姿が見られます。

事例　「大きな船をつくろう」

1月　4歳児　4人
リュウト／ナオキ／タツヤ／タカミツ

　ホールにある大型積み木をリュウトが1つずつ運んで並べはじめた。ナオキが来て2人で大きな船をつくることにした。昨日も一緒に遊んでいたタカミツとタツヤが加わり積み木を縦に積み上げていった。タカミツとタツヤが積み木を運んでいる間に、リュウトが積み上げられた積み木を下ろして横に並べた。戻ってきたタツヤが「なんだよー。壊さないでよ」とリュウトに言った。リュウトが「操縦室だからいいんだよ」と言うと「ここは見張り台だからだめ」とタツヤが言い返した。2人ともゆずらずに言い合いになり、リュウトがタツヤを押した。タツヤも泣きべそをかきながらリュウトを押した。お互いに押したりたたいたりしはじめたので、近くにいた実習生が2人の間に入り「どうしたの」とたずねたが、泣いているタツヤの言っている言葉は聞き取れず、リュウトは積み木をじっと見つめて黙っている。タカミツとナオキに聞いても何が原因かわからない。実習生は最初に誰が遊んでいたのか、何をつくりたかったのかを聞くと、リュウトとナオキは大きな船をつくっていて、リュウトは広い操縦室をつくりたかったことがわかった。あとから来たタカミツとタツヤは昨日の続きの遊びの基地の見張り台をつくろうとしていたことがわかった。実習生は「違うものをつくっていたんだね。だからけんかになっちゃったんだ。だけど押されたりたたかれたりしたら嫌だよね。楽しくなくなっちゃう」と4人に言った。そして「どうしたらいいかな」と子どもたちに聞いた。
　少し落ち着いたリュウトとタツヤはお互いに「ごめんね」と言った。タカミツが「基地がある船にしたら」と言い、他の3人も納得し「じゃあ、ここは操縦室にして」「こっちを見張り台にしよう」「あっちから見えないようにしようよ」「のぞき穴もつくろう」といろいろな意見が出てきて、大型積み木の遊びが再開した。

① イメージのずれによるトラブル

　昨日、4人の子どもたちは大型積み木で基地をつくって遊んでいました。あとからきたタツヤとタカミツは昨日の続きの基地づくりをしますが、先に遊びはじめていたリュウトとナオキは「大きな船」をつくっていました。自分の積んだ積み木を断りもなく崩されて不快なタツヤと、自分のイメージと違う箇所を直すリュウトは、それぞれ自己主張をしますが、お互いのイメージである「船」と「基地」の違いには気づかず、言葉による表現が不十分で、気持ちが先行して手が出てしまったのでしょう。

　リュウトとタツヤが自分から謝っている姿からは、お互いにけんかの原因が理解でき、友達に手を出してよくなかったと反省することができたことがわかります。

② 子ども同士のトラブルへの対処

　実習生は積み木遊びをしていたリュウトとタツヤのけんかに驚いて2人の間に入ります。「どうしたの」とたずねても誰も説明できずに困りますが、すぐに質問を替えて、子どもから状況を聞くことができました。子どもにどうしたのかたずねても、子どもにとって言葉でわかりやすく説明することはむずかしいことです。子どもが話しやすい具体的な内容の質問をすれば答えられることが多くなるので、このかかわりは効果的であったことがわかります。

　次に実習生は、状況を整理して子どもたちに伝え、子どもの気持ちを察して言葉にしています。注意するのではなく、お互いの不愉快な気持ちを伝えているので、リュウトもタツヤも不快な思いをせずに自分で過ちに気づけるような働きかけになり、2人とも自分から納得して謝ることができました。

　この時期の子どもたちはつくりたいもののイメージを明確にもちますが、言葉による伝達や表現が十分にできず、友達とのイメージにずれが生じトラブルになることがあります。実習生は一人ひとりの子どものイメージを聞き、友達にわかるような言葉で表現する働きかけをして、イメージのずれの調整役になれるとよいでしょう。

> **CHECK POINT**
> - 一人ひとりが自分のしたいことを表現できるような雰囲気をつくる
> - 子どもの思いやイメージがまわりにわかるように言葉にして表現する
> - 子どもたちのイメージを調整し、友達と楽しく遊べるようにかかわる

5歳児 10月 　　　　　　積み木

　これまでの積み木遊びの経験から、積み木の性質を理解し、積み方も構成力もしっかりしてきます。小さい積み木を高く積んだり、複雑な組み方をしたり、組み合わせを試すなどの工夫をしながら、友達と協力して大きなものに挑戦する姿が見られるようになります。意見の食い違いから対立することもありますが、友達の気持ちや立場を考え子ども同士で遊びのルールをきめたり、問題があれば自分たちで考えて解決しようとする場面が増えていきます。

事例　「友達と大きなドミノ倒し」

10月
5歳児
7人

ユキト　アキオ
リョウジ　シンジ
タクト　他女児2人

　ユキトとリョウジが長方形の積み木を並べている。「先生一緒に遊ぼう」と誘われて実習生が参加すると、タクト・アキオ・シンジも加わり積み木を並べはじめた。
　途中でシンジの手がぶつかり、積み木が次々と倒れていった。タクトが「あー、シンジだ」と言った。アキオが「シンジがぶつかったからだぞ」と少し強い口調で言うとシンジは泣き出した。近くにいたリョウコとヒロミがとんできて「ごめんねって言ったら許してくれるよ」となぐさめる。シンジは泣きながら謝った。リョウジが「わざとやったんじゃないからしょうがないよ」と言うと、ユキトも「いいよ。ぼくだってぶつかったことあるよ」と言った。
　実習生が「坂もつくってもっと大きいのつくろうよ」と誘うと、「うーんと長いのにしよう」とユキトが言う。実習生が「みんなで作戦会議だ。どんなのにする？」と言うと「ピタゴラスイッチみたいなのがいい」「箱とか本とか使うのは？」「ボールを転がそうよ」「ぶつからないようにね」「先に集めようぜ」といろいろな意見が出る。実習生が「よし、作戦開始」と言うと、子どもたちは積み木を集めに行った。「どこからはじめる」と実習生が聞くと「ここにしよう」「あっちからやって、ここゴールね」とスタートとゴールがきまる。「高い塔つくってさ、ボール転がそうよ」とリョウジが言う。「リョウちゃんが塔つくるって」と実習生が反復すると、「いいね、いいね」とタクトが応える。実習生が「実験してみる？」とたずねるように声をかけると、リョウジが慎重にボールを転がし、ユキトと高さや幅を相談しながら調整していく。
　「ここ使っていい」「ぶつからないでよ」とほかの遊びをしている友達に声をかけると、他の子どもたちも次々と参加し、保育室の半分ほどの大きさに広がっていった。誰がボールを落とすか「ジャンケンできめよう」とリョウジが提案し、シンジがボールを落とすことになった。次々と積み木がきれいに倒れ「大成功」とみんなで喜んでいる。ちょうど片づけの時間になりみんなで楽しそうに片づけをしていた。

① 5歳児の心の育ちと遊びへの意欲

「ドミノ倒し」の積み木遊びがはじまりました。シンジの手が誤ってぶつかり、思いがけず積み木が倒れてしまいます。子どもたちの残念な気持ちがシンジに向かい、責めるような言葉になってしまいました。シンジの罪悪感はすぐに友達に伝わり、なぐさめたり失敗を許そうとする子どもがいて、5歳児としての心の育ちが感じられます。

友達と相談する場面からは、子どもの遊びへの意欲や期待、仲間意識の高まりが感じられます。いろいろな意見を出し合い調整し、うまくいくかどうか友達と試行錯誤する楽しさが伝わってきます。友達と協力した大きなドミノ倒しがうまくいったことは喜びと達成感を感じる成功体験になり、次への意欲につながることでしょう。

② 遊びの楽しさが増すさりげない提案

実習生はドミノ倒しの遊びに参加しました。途中で誤って積み木が倒れ、失敗したシンジを責めるような言葉を友達が言いますが、シンジに謝るようにとりなす子ども・なぐさめる子ども・許そうとする子どもがいました。実習生はここでは言葉をかけませんでしたが、子ども同士のやりとりの尊重という点からすると、ここでの実習生の援助はなくてもよかったことがわかります。

シンジが謝ったあと、実習生はもう少し高度なものをつくろうと誘います。この提案は雰囲気を変えるきっかけになりました。その後、「作戦会議」「作戦開始」など幼児には少しむずかしい言葉を使いますが、子どもは少しむずかしい言葉に魅力を感じることがあります。子どもたちが意欲的に遊びを進めていく様子から、これらの言葉が遊びへの期待や意欲・楽しさをもたらしたのではないでしょうか。また、実習生は「どんなのにする？」「実験してみる？」など、子どもが自分たちで考えられるような言葉をかけたり、子どもの言葉をくり返して友達のイメージが伝わるようにしています。

自分たちの力で遊びを進めることができる子どもたちには、実習生は遊びをリードするのではなく、楽しい雰囲気づくりやさりげなく遊びを盛り上げる言葉かけ、子どもが自分たちで考えられるような余地を残した提案が求められます。

▶ **CHECK POINT**
- 子ども同士のかかわりを尊重する
- 遊びをリードせず、子どもが自分たちで考えたり工夫できるようにする
- 遊びがより楽しくなるような雰囲気づくりや助言、言葉かけの工夫をする

Column 「基尺」について

積み木の基本となるサイズを「基尺」といい、もっとも小さい立方体（サイコロ型）や直方体の1辺の長さをさします。基尺が同じ（例：3cm・6cm・9cm）積み木を使うとどのような積み方をしても最終的に高さがそろうので、子どもが満足感や達成感を得やすくなります。それに対して、基尺の異なる積み木（例：3cm・3.3cm・4.5cm）を使うと高さにずれが生じ、バランスが取れず崩れやすくなります。「基尺」をそろえることは積み木遊びに必要な基礎的要素です。

Column 積み木の素材・形・大きさ・色・数

積み木の素材や形、大きさなどには次のようなものがあります。参考にしましょう。

- 素材：積み木の代表的な素材は「木」で、ブナ・カエデ・ヒノキ・スギ・桐・ゴムなどさまざまなものがある。木の種類によって、香り・重量感・感触、ひび割れやささくれ・ソリのできにくさが異なる。ほかにコルク、ウレタン、プラスチック、布を素材にした積み木もある。
- 形：積み木には、直方体（レンガ型・棒型・板型）、立方体（サイコロ型）、円柱、円すい、三角柱、三角すい、トンネル型ほか、多種多様な形がある。
- 大きさ：基尺（基本となる長さ）が 3cm・3.3cm・3.5cm・4cm・4.5cm・5cm などさまざまな大きさのものがある。1辺が 10cm・15cm・20cm・30cm などの大型の積み木もある。小さな積み木はテーブルの上でも遊べるが、大きなものをつくるときや大型の積み木は床の上で遊ぶとよい。
- 色：木製のものには無塗装・無着色の白木と、オイルやニスを塗ったもの、赤・青・黄・緑などに着色されたものがある。白木の積み木は色にとらわれずに「赤い車」や「青い電車」などに見立てることができる。ウレタン・プラスチック・布の積み木には色がつけられている。
- 数：はじめての積み木遊びには2つ、積めるようになったら4〜5つなど、徐々に増やしていくとよい。友達と一緒に大きなものをつくるときには100個以上の十分な数が必要である。

Practice 実践 6

ブロック

　幼稚園や保育所の保育室にはさまざまな教材や遊具・玩具が用意されていますが、ブロックはそのなかでもとくに子どもに人気があります。

　ブロックには形状や大きさなどさまざまな種類がありますが、一つひとつのパーツを組み合わせて接続できることがブロックの特徴です。はめる・はずす・集める・つなぐ・積む・組み合わせる・何かをつくるなどの遊びが楽しめます。

　ブロック遊びの魅力は、つける・はずすが比較的簡単にでき、子どもが好きなように自由に組み合わせて立体的な形をつくることができることでしょう。イメージと違うと思ったときには、簡単に壊してつくり直しができ、くり返し遊ぶことができることもブロックの魅力です。また、つくったものが壊れにくく手にもって移動できるので、見立て遊びやごっこ遊びに展開する楽しさもあります。

　ブロックにはカラフルな色がついているものが多く、子どもにとっては鮮やかな色彩も魅力の1つです。同じ色を集めたり、2色を交互に並べたり、規則的に配色を考えて組み合わせるなど、色を楽しむ遊びも見られます。

　適度な大きさがあり接続が容易なブロックであれば、低年齢の子どもから年長児まで幅広い年齢で遊ぶことができ、十分な数があれば、友達と一緒に大きいものをつくる楽しさも体験できます。

ブロック 援助のポイント！

ブロック遊びの環境の工夫

ブロック遊びの場所にはカーペットなどを敷いて、遊びのコーナーをつくるとよい。また、年齢の低い子どもや大きいパーツのブロックは床の上で遊ぶとよいが、年齢の高い子どもや小さいパーツのブロックはイスに座りテーブルの上で遊ぶほうが落ち着いて遊べる。

遊びの邪魔をしない見守る援助

子どもが集中してブロックをはめたりはずしたりしようとしているときや、真剣な表情で何かをつくろうとしているときは、イメージを実現しようとしているときである。手を貸したり、質問をしたり、アドバイスをするなどは控え、しばらく静かに見守るようにする。

適当な数を用意する

つくりたいものがあっても必要な数がないとイメージの実現ができない。ブロックを確保することに夢中になり、集中してつくることを楽しめない。友達との取り合いも起こり、不要なトラブルが生じる原因にもなるので、年齢や遊び方を考慮した適当な数の用意が必要である。

武器をつくって戦いごっこをしているとき

剣やピストルなどをつくって戦いごっこをしているときに、友達やものをブロックでたたいている場面を見たらきちんと注意する。ブロックは人やものをたたくものではない。子どもが理解できる言葉でていねいに説明し、楽しく遊べるようにしたい。

遊びやすさの工夫をする

ブロックは床の上などに全部出すのではなく、子どもが必要に応じて出せるように、取り出しやすいトレーや箱などに入れておくとよい。
テーブルで遊ぶときにも同様である。細かいブロックは、片づけのときに形や色などを分けてしまっておくと使いやすい。

小さいパーツのブロックは誤飲に注意する

ブロックは色が鮮やかで低年齢児が口に入れたくなることがある。低年齢児のブロックは口のなかに入らない大きさ（4cm以上）のものにし、誤飲を予防する。年長児と遊ぶときには、遊びのスペースを分けたり、小さいパーツのブロックの落下や散らばりに十分気をつける。

散乱しないような工夫をする

床の上で遊ぶブロック遊びは動きを伴うことが多いので、パーツが散乱することが多い。歩いている子どもが踏んだり、他の遊びの妨げになることもある。ブロックの数の不足にもつながるので、散乱したパーツは適宜集めて遊びの場に戻すようにする。

片づけへの配慮

子どもが一生懸命取り組みやっと完成したときや完成間近なとき、続きをしたいと思っているときには、保育者と相談してしばらくのあいだ飾る・続きができるようにするなどの配慮をしたい。期間をきめて子どもに伝え、壊すことを納得できるようにしておくことも大切である。

Q&A 実習でこんな場面に出会ったらどうかかわる？

Q 実習生が剣やピストルをつくってはいけませんか？

子どものころに遊んだ剣やピストルを思い出してつくり、子どもに渡していたら保育者から他のものをつくるように注意を受けました。実習生が剣やピストルをつくって子どもに渡したことはいけなかったのでしょうか。

A 　子どもが自分で剣やピストルをつくって、友達と戦いごっこをすることはよくあります。しかし、剣やピストルは人を傷つけるものです。保育者や実習生が率先してつくり、子どもに提供して暴力的・攻撃的な遊びをはじめることは好ましくないという考え方もあります。
　ブロックでは剣やピストル以外に、子どもが興味をもって見立て遊びを楽しめるものをつくることができます。それぞれのブロックの特徴を活かして、子どもの興味にそったもの、たとえば、動物・乗り物・建物・食べ物などをつくれるようにしておくとよいでしょう。

Q 複数の子どもから「つくって」と言われたらどうすればいいですか。

1人の子どもにブロックでロボットをつくってあげたら、それを見て次々と子どもがきて一度に何人かから「つくってほしい」と言われ、困ってしまいました。「できない」と言うと「ずるい」と言われてしまいました。こんなとき、どうしたらいいですか。

A 　実習生は1人なので、すべての子どもの要求に応えることはできません。限られた時間のなかで子どもが納得できるようにしなければなりません。実習生の手は2つしかないことを伝え、一度にたくさんつくれないことを話しましょう。そのうえで、つくり方を説明しながら一緒につくる、途中まで実習生がつくったものを渡し残りを子どもが完成させる、実習生がつくったものと子どもがつくったものを合体させるなどを提案してみてはどうでしょう。それでも納得できない場合には、順番につくる・あとでつくることを約束します。ただし、子どもとの約束はかならず守ってください。

Q 年齢の違う子どもと一緒にブロック遊びをするときの配慮は？

異年齢児が同じ保育室で遊んでいるとき、4歳・5歳児のブロック遊びに低年齢児が興味を示します。実習生は何に気をつけて遊べばいいですか。

A 　年齢や発達の違いによってブロック遊びの楽しみ方が違います。たとえば、低年齢児は何かをつくるのではなく、はめたりはずしたり、単純につなげること、つくってもらうことを喜び、できたものに「電車」「おうち」など知っているものの名前をつけて楽しみます。
　年齢の高い子どもははじめから目的をもってつくっているので、途中でブロックを取られたりさわられたりすることを嫌がります。低年齢児の手が届かないところで遊んだり、ブロックを1人分ずつトレーなどに乗せて遊ぶようにし、すぐに移動できるようにするなどの配慮をするとよいでしょう。小さいブロックの散乱など、低年齢児の誤飲に十分注意してください。

低年齢児 0〜2歳　ブロック

　年齢の低い子どもにはサイズが大きく（3.5cm以上）、はめはずしのしやすいブロックを用意して遊びます。はじめはブロックをつなぐことよりも、かき混ぜたり、ブロックを散らかしたり、はずしてバラバラにすることを楽しみます。つくってもらったもので遊ぶ楽しさもあるようです。大人や年上の子どもの様子を見てしだいにパーツをつなぐようになっていきます。うまくできないと大人に「やって」と差し出しますが、自分の手でつなぐことができたときの喜びは格別なようです。

事例　「一緒につなごうね」

5月　1歳児　2人
エイスケ　ミチル

　保育者がブロックの入った箱を出すと、すぐにミチルがやって来てなかをのぞき込み、両手を入れてガチャガチャとかきまわす。その音に気づきエイスケが来て両手で箱をひっくり返す。ガラガラと大きな音がしてブロックが床一面に広がる。エイスケが両手でブロックを散らすとミチルも一緒になって散らしてうれしそうである。保育者が「あーあ、もう広がっちゃった」と言うと、エイスケは「あーあ」と言いながら笑っている。実習生は広がったブロックを集めながら、近くにあった缶にブロックを入れるとカチャンと音がした。エイスケが缶をひっくり返して自分で入れる。「入ったね」「でちゃった」と声をかけると、何度かその遊びをくり返す。

　つなげたブロックをミチルに渡すとミチルはそれをもってうれしそうに保育者のほうに歩いて行った。エイスケは実習生がつなげたブロックを引っ張ってはずしてしまった。実習生が「あーあ、エイちゃん、壊しちゃった」と言って見ていると、はずしたブロックを「つけて」と言うように「ん、ん」と実習生に差し出す。実習生がブロックをつなぐと、エイスケがまたはずす。そのやりとりが何度か続いた。

　ミチルが戻ってきて実習生と同じようにブロックをつなげる。「つなぐのじょうず」とほめると、ミチルはうれしそうにどんどんつなげていく。ブロックが長くなり立てようとするとバランスが崩れて倒れてしまった。ミチルとエイスケは「あーあー」と言いながら笑っている。実習生が「倒れちゃったね。もう1回しよう」と言うと、ミチルは「もいっかい」と言ってまたつなぎはじめる。

　エイスケもつなごうとするがうまくできない。「一緒につなごうね」と実習生がエイスケの後ろからそっと手を添えてブロックを接続する。「エイちゃんもできたね」と実習生が手をたたくと、エイスケも一緒に手をたたいて喜んでいる。エイスケはまた違うブロックを手にとった。

① かき混ぜる・散らかす・はずす・つなげるブロック遊び

　ブロックはカラフルな色彩で子どもたちの目をひきます。ミチルとエイスケは音をたてたり、ひっくり返してばらまいたり散らかしたりすることを楽しんでいるようです。それから、缶にブロックを入れて音を楽しんだり、実習生がつくったものをもらったり、ブロックをはずすこと・つなげることを楽しみます。つなげたブロックが倒れても残念がるのではなく、楽しんでいるミチルの様子も読み取れます。
　低年齢の子どもには何かをつくるのではないブロックの楽しみ方があることがわかります。大人の言葉かけや援助に支えられて、2人は自分のしている遊びに安心感や楽しさ・喜びを感じ「またやってみよう」という意欲をもてたことがわかります。

② 子どもの遊びを大切にするかかわり

　ブロックは何かをつくって遊ぶものと思っていた実習生は、1歳児の遊びの様子を見て戸惑ったことでしょう。しかし、子どもの遊びを見守り、散らかすこと・音をたてること・ブロックをはずすことの楽しさを理解してかかわることができました。
　広がってしまったブロックを集めながら缶を提供したことで、エイスケはブロックを入れて音を楽しむことができました。つないだブロックをはずしてしまったときには、「あーあ」と残念そうに言いますが、「やって」のサインを見逃さず、根気よくブロックをつないで、エイスケのブロックをはずす楽しさを支えています。なかなかつなげられないときには、後ろにまわってさりげない援助ができました。このような援助の仕方は、子どもが自分でできたと感じられ、つなぎ方のコツを覚えていくことができる援助といえるでしょう。ミチルは実習生につくってもらったものを喜んで保育者に見せに行っています。実習生がほめたこと、「もう一度」と誘うことで遊びへの意欲がもてたようです。

　低年齢児のブロック遊びの援助は子どもが楽しんでいることを尊重することです。ブロックをはめたりはずしたりしながら遊びを見守り、あるいは一緒に遊び、ブロック遊びの楽しさや喜びを感じ、意欲がもてるようにかかわることが求められます。

▶▶▶ CHECK POINT

- 子どもが楽しんでいることを大切にしてかかわる
- 遊びの状態を言葉にして、ほめたり励ましたりして意欲がもてるようにする
- したいことができないときにはなるべく自分でできたと思える援助をする

3歳児 12月 ブロック

　手指の発達と象徴機能の発達により、組み合わせる・組み立てるブロック遊びができるようになり、つくったものを見立ててごっこ遊びに使うようになります。できた形にあとから命名していた遊びは、はじめから目的をもってつくるようになり、サイズの違う大小のブロックを用途に合わせて使い分け、友達と大きなものをつくる遊びも楽しくなります。言葉の発達も進み自分のしたいことを伝えられるようになりますが、ブロックの色や形にこだわりをもち、友達とトラブルになることも多い時期です。

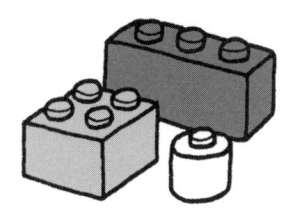

事例 「赤いブロックでつくりたい」

12月　3歳児　7人
ケント／アキフミ／ショウタ　ヒトエ／チハヤ／ナナ／ルリ

　ヒトエとチハヤは大型のブロックで囲いをつくり「動物のおうち」をつくり、囲いのなかにぬいぐるみを入れている。ナナは色とりどりのブロックを細長くつなげて掃除機に見立て「おそうじ」と言いながら囲いのなかを歩いている。ヒトエとルリは同じ形の同色のブロックを四角く組み立てて「動物のごはん」に見立て、たくさんつくろうとしている。ケントは四角と長四角を組み合わせてロボットをつくっていた。ブロックが足りなくなり、ロボットをその場においてブロックの箱を探しに行った。

　少し離れたところでアキフミは車をつくっていた。アキフミの手元には赤いブロックが集められている。アキフミは床に放置されたブロックのかたまり（ケントのロボット）を見つけると、赤いブロックをはずしはじめた。そこへケントが戻ってきて「イヤー」と大きい声を出し、赤いブロックの取り合いになった。

　実習生はアキフミに、友達のものを黙って壊すのはよくないと伝えた。アキフミは下を向いて黙っていたが、「だって赤がないんだもん」と言った。実習生が残っていたオレンジ色のブロックを渡そうとすると首を横に振って受け取らない。ショウタが来て、「アキチャン消防車つくってたんだよ」と言った。

　実習生はケントに、アキフミはロボットがケントのものだと知らなかったこと、赤いブロックが使いたかったことを伝えた。ケントに壊れたところを「一緒に直そう」と提案し、アキフミにはケントに「赤と取り替えて」と頼んでみるように提案した。

　アキフミはケントに謝り、赤いブロックで消防車をつくりたいから他の色と取り替えて、と頼むことができた。ケントは赤いブロックをアキフミに渡し、2人で数をかぞえながら他の色のブロックと取り替えていた。

① ブロックの見立て遊びとトラブル

大小のブロックを使って、さまざまなごっこ遊びを楽しむ子どもたちの遊びの様子がわかります。同じ形や同じ色にこだわってつくる遊びも見られます。

アキフミには消防車は赤というイメージがあり、赤いブロックで消防車をつくりたいという強い欲求がありました。アキフミはケントがもっていたロボットとは知らずに赤いブロックをはずしましたが、ケントは壊されたと思って怒ります。相手のしたいことや気持ちを察することができず、自分のしたいことを相手に伝えられずにトラブルになってしまいました。実習生の仲介で納得でき遊びが続いたようです。

② ブロックをめぐるトラブルへの援助

実習生はアキフミとケントのブロックの取り合いに立ち合いました。はじめにアキフミに友達のものを壊してはいけないと注意しますが、アキフミはブロックがケントのものだと知らず、赤いブロックがほしかっただけだったので、この援助は適当ではなく、アキフミにはケントが怒った理由を伝えられるとよかったでしょう。実習生は次に、アキフミに赤に似た色のブロックを渡そうとしますが、受け入れられませんでした。消防車＝赤という色への思いを理解できていなかったので、実習生の注意や対応はアキフミには納得できず受け入れられなかったことがわかります。

一方ケントには、アキフミの状況をわかりやすく説明し、「一緒に直そう」というケントの気持ちに寄り添ったかかわりができました。

最後に実習生はアキフミに赤いブロックを手に入れる方法を提案し、アキフミはこの提案を受け入れて赤いブロックを手にしました。実習生の提案は、子どもが自分の力で問題を乗り越える援助になっていることがわかります。

実習生はしてはいけないことを伝え、2人の気持ちを代弁して双方が納得できるようにしたいと思っていました。しかしその前に、子どもがなぜそうしたのかを考え、子どもの気持ちに寄り添ってかかわろうとする姿勢が大切です。

> **CHECK POINT**
> - 子どもの見立てを尊重して、楽しく遊べるようにする
> - 色や形へのこだわりが見られる時期であることを理解してかかわる
> - 子どものしたいことを理解して、自分で実現できるように援助する

4歳児 6月 ブロック

　使用するブロックの数が増え、並べ方や組み方などを工夫しながらより立体的で複雑な構造のものをつくろうとすることもあります。自分のイメージを形に表そうとして、納得できないと壊して最初からつくり直す姿も見られます。

　友達とのかかわりが増え、同じものをつくったり、イメージを共有してつくったものを何かに見立ててごっこ遊びが展開します。テレビアニメなどの影響から、剣やピストルをつくってヒーローごっこや戦いごっこに発展することもあります。

事例 「戦いごっこ」

6月 4歳児 4人
マサル ノリオ コウダイ マサカズ

　雨で園庭に出られない日が続き、マサルとノリオとコウダイは保育室でブロック遊びをしていた。マサルは慣れた手つきで立体的なロボットと怪獣をつくっていた。ノリオはブロックを四角く組んだものを長くつなげて剣をつくり廊下に出ていった。コウダイは長四角に組み立てたものに他のパーツを差し込み複雑な形のピストルをつくり、顔の前に構え片目をつぶって「バーン」とマサルの怪獣を撃つふりをした。マサルが「これはだめ」と怪獣を背中に隠すと、ピストルをもって廊下に出て行った。

　マサルは実習生に「先生、この怪獣守ってて」と怪獣を渡した。コウダイに応戦しようと思ったのか、先につくったロボットをピストルに改造しはじめた。マサルのピストルは縦横に広がっておもしろい形をしていた。実習生が「すごいのができたね」と声をかけると「これは特別なやつなんだ」と自慢げに答える。

　しばらくすると、マサカズを怪獣役にして戦いごっこがはじまった。はじめのうちマサカズは喜んで逃げていたが、ブロックが体に当たり顔がゆがんだ。マサル・ノリオ・コウダイは勢いにのって攻撃するふりをやめなかった。実習生はマサカズを助けようと思い「よーし、おれが相手だ」と言って遊びに参加した。実習生を敵に見立ててブロックの武器でぶとうとしてきた。勢いあまって実習生の腕にブロックがあたったが、実習生が何も言わなかったので、ブロックが当たるように向かってきた。「ほんとにぶつのはだめだよ」と何度か注意したが勢いがついて力が入ってきた。保育者が「おにいさん先生、痛いよ。ブロックで人をぶってもいいのかな。何ももっていない人を攻撃するのは反則じゃない？」と子どもたちに問いかけた。子どもたちはシュンとしてしまった。

① つくったもので遊びたい

　雨の日の保育室、子どもたちはブロックでそれぞれ違うものをつくっています。テレビアニメの影響か、怪獣や剣・ピストルをつくって喜ぶ子どもたちの様子が読み取れます。マサルには自分がつくったものを大事にしたい気持ちがあり、攻撃の対象になることを嫌がります。一方、ノリオとコウダイは自分でつくったもので遊びたい気持ちが強く、戦いごっこがはじまりました。怪獣役のマサカズをかばおうとして実習生が遊びに参加すると、子どもたちは大喜びです。気持ちが高ぶって攻撃するふりが、攻撃的な行動になっていってしまいました。保育者に注意され、問いかけられてよくなかったことに気づき、楽しかった遊びは意気消沈して終わりました。

②「戦いごっこ」などの遊びへのかかわり

　実習生は、つくったものを大事にしたいという子どもの気持ちを支え、つくったものをほめ、喜びを感じられる援助をしています。しかし、戦いごっこのなかで、怪獣役のマサカズにブロックがあたったときには、何の注意もしませんでした。実習生は、信頼関係がない子どもに注意をすると、子どもから嫌われてしまうのではないかと心配になったようです。しかし、よくないことはそのときに注意をし、子どもと遊び方のきまりを確認することが必要です。

　ブロックを用いた戦いごっこでは力加減や方向のコントロールができず、相手の体にぶつかりトラブルになったり、思わぬケガにつながることもあります。また、実習生が悪者役などになると、調子に乗り、はめをはずしてしまうこともあります。実習生は広い空間を確保し、とがっている・長すぎる・振りまわすと飛び散りそうなど、ブロックの形状に危険がないかどうか確認し、子どもたちと遊び方のきまりを相談して遊びを進めていく必要があるでしょう。危険な動きが見られたら、遊びを中断することも必要です。

　ブロックで剣やピストルをつくると、男の子を中心にした戦いごっこがはじまります。気持ちが高ぶると行動の抑制ができなくなることもあるので、子どもと遊びのきまりをきめ、よくない行動にはきちんと注意をしていくことも大切な援助です。

▶▶ CHECK POINT

- つくったものを大切にしたい気持ちや遊びたい気持ちを大切にする
- ブロックを使った遊びのルールを確認し、楽しく遊べるようにかかわる
- 実習生であっても、子どもの好ましくない言動はきちんと注意する

5歳児 1月 ブロック

　指先の力を必要とするブロックや小さいブロック、何種類かのパーツのあるブロックを使い分けて遊べるようになります。組み立て図や見本を見ながらつくることもできるようになり、自分なりの工夫を加えてオリジナル作品をつくることもあります。

　友達と相談しながら共通のイメージやテーマをもって、協力しながら遊ぶことが楽しい時期です。友達のすぐれたところや工夫を認めて教えられたり、困っている他者に寄り添っていねいに教えたり手助けをする姿が見られるようになります。

事例 「動物づくりに挑戦」

1月 5歳児 4人
トモキ ハヤト ケンタロウ クニオ

　男児4人が昼食を食べながら「ブロックで動物つくろう」と話していた。
　ハヤトはゾウ、クニオはペンギン、ケンタロウは比較的かんたんそうなカニをつくりはじめた。トモキは2色のブロックの小さなパーツを丹念に集めている。子どもたちはブロックの扱いに慣れていて、何種類かの小さなパーツを使い分け、パチパチと組み合わせていく。
　実習生は組み立て図を見ながらウサギをつくろうとしたが手間取っていた。すると「先生、これ使うんだよ。これが曲がるんだよ」とトモキがパーツを教えてくれた。最初にゾウを完成させたハヤトが「先生、手伝ってあげようか」と言い、ウサギはハヤトが完成させた。クニオもペンギンを完成させて次の動物をつくりはじめた。トモキは無言で熱心に組み立てていた。しばらくして2色のブロックを使ったキリンが完成した。「わぁーキリンだ。トモくん1人でつくったんだよね。すごい」と言うと、少し誇らしそうに照れたような表情をした。
　ケンタロウがトモキのキリンを見て「ぼくもつくりたい」と実習生に言いにきたので「ちょっとむずかしそうだけどがんばろうか」と励ました。ケンタロウはトモキの作品を見ながら一生懸命つくろうとするがなかなかうまくいかない。何度もはずしてやり直しをしている。ハヤトが「ケンちゃんがんばれ」と励ました。実習生はもう少しで組み合わせ方に気づくように思えて、手を出さずに見守っていた。
　トモキが来て「ケンちゃん、そこの黄色の上にオレンジつけて。それで反対側もつけるでしょ。その上が黒でしょ。そうそう、それとそれを合体するの」とケンタロウを励ましながら言葉で手伝った。ケンタロウはトモキに励まされてキリンを完成させた。「できた」とトモキに言いほほえみ合った。トモキは「ハヤト、ケンちゃんのキリンできたよ」と友達に知らせていた。

① 他者に寄り添う姿と教える喜び

　子どもたちは仲のよい友達と先の見通しを立てて遊ぶようになり、それぞれに目当てをもって動物づくりに取り組んでいます。経験を重ね、指先の力や器用さが育まれてきたのでしょう。小さいブロックの組み立てに困難を示す子どもは見られません。

　トモキとハヤトはとくに得意なようで、困っている実習生や友達の様子を察して励ましや手助けをしています。手は出さずに言葉で説明するトモキの様子はまるで保育者のようです。子どもは自分で作品を完成させた喜びや達成感を感じるだけでなく、友達に寄り添い教える喜びや、友達に支えられながらつくった達成感など、友達とのかかわりが重要な意味をもつ遊びが展開していました。

② 子どもたちが進める遊びを支える援助

　実習生は子どもたちが自主的に進めるブロック遊びに誘われて参加しています。ブロックの扱いは子どもたちのほうが手慣れていて、実習生の慣れない手つきに子どもたちが励ましや援助の手を差し伸べています。一見、実習生は子どもに助けられているように見えますが、困っている他者の気持ちを察して助ける機会を提供することができました。また、実習生が子どもの援助を受け入れたことで、子どもは他者を助けることの喜びや、他者に教える喜びを体験することができました。

　また、実習生は難易度の高い作品に挑戦しているケンタロウを見守っています。もし実習生が進んで援助していたら、友達を励ましたり寄り添って手助けをしようとする子ども同士のかかわりは生まれなかったでしょう。

　実習生は一緒に遊びながら子ども同士のかかわりを妨げず、子どもが他者を助ける喜びや教える喜びを感じられるようなかかわりができたといえるでしょう。

　子どもが自分たちの遊びを自分たちで考えて、友達と協力して進めていこうとしているときに、実習生がリードしたり率先して手を貸す援助は好ましくありません。自然な形で近くで見守り、必要とされたときに適切な援助ができるようにしたいものです。

> **CHECK POINT**
> - 子どもが熱心に取り組んでいることを認める援助をする
> - 実習生が積極的に子どもの遊びをリードしたり手助けをしたりしない
> - 子どもの他者を助けようとする気持ちや教える姿を妨げないようにする

Column　ブロックの素材・感触・色・サイズ・デザイン

ブロックの代表的な素材はプラスチックですが、ほかにウレタン製、木製、布製のものもあります。硬いもの、やわらかいもの、柔軟性のあるものなど感触もさまざまです。色も赤・青・黄・緑を基本に、白・ピンク・オレンジ・紫・茶・黒など豊富な色彩が見られます。

サイズは、1つのパーツ15〜40cm前後の大型のブロック、3〜15cm前後の子どもの手の平で扱えるサイズのブロック、指先を使う細かい2cm以下の小さなブロックがあります。

「ブロック」という名称の「積み木」もありますが、ここではパーツ同士の接合が可能なものをブロックとして、以下にデザインを紹介します。

❋ 「井」型・「H」型・「A」型のブロック

多くの幼稚園や保育所などで見られる手の平サイズのブロックです。「井」型・「H」型・「A」型・「ハシゴ」型を基本にドーナツ型、棒型、曲線、ジョイントなどさまざまなパーツが加えられているものもあります。比較的やわらかくはめはずししやすいブロックです。大型もあります。

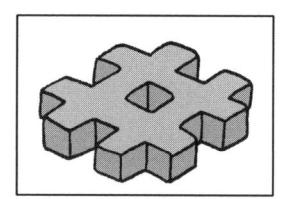

❋ 「B」型のブロック

幼稚園や保育所などで使われている手の平サイズのブロックです。底から見ると「B」の形をしているものを基本に、パーツの上下の凹凸を利用して縦に積み上げたり、横に並べてつなぐブロックで、硬いものとやわらかいものがあり、はめはずしが容易です。大型のものもあります。

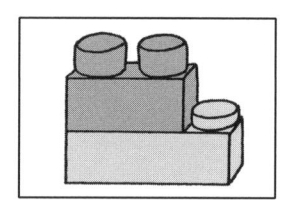

❋ 1つのパーツに複数の凹凸のある立体的なブロック

レゴブロックやダイヤブロックに代表されるブロックで、1つのパーツに複数の凹凸のある硬い感触のブロックです。自由に組み合わせを楽しんで遊ぶものと、作品づくり用のセットがあります。他の種類のブロックとの互換性が少ない（つなげない、はずれなくなる）ので同種類で遊ぶ配慮が必要です。パーツが小さいものは誤飲に注意です。大型のものもあります。

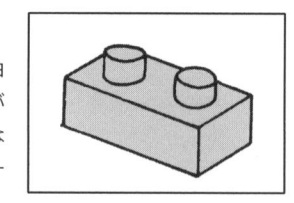

❋ 平面型の硬いブロック

平たく薄い硬い感触のブロックです。5cm四方の正方形のもの（クリックス）や、細かいパーツが数種類あるもの（ラキュー）などがあります。後者ははめはずしに指先の力を要し、パーツが小さいので低年齢児には不向きです。

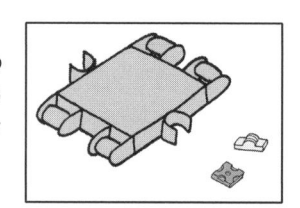

❋ 平面型のやわらかいブロック

薄く平たい穴の空いた柔軟性のあるブロックです。小さな突起同士をつなげたり、穴に差し込んだりして曲線をつくることができます。はめはずしに指先の力を要するものもあります。

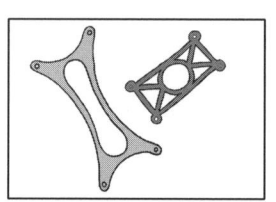

Practice 実践 7

製作

　子どもたちは描いたり、つくったりすることが大好きです。つくりたくなるような豊かな環境があれば、子どもたちは自然と何かをつくり出すことでしょう。「○○をつくろう」という目的もなく、さまざまな素材や用具に興味をもちかかわるなかで偶然にできたものを「○○みたい」と見立てたり、自分が経験したことや印象に残ったことなどから自分のイメージしたものをつくって楽しんでいる姿をよく見かけます。子どもたちは、つくって見立てたり、イメージしたことを形にできる楽しさを味わっているようです。

　子どもたちにとって、つくることは、自分の力で何かができていく喜びであり、自分の思いを表現する喜びであり、また、自分たちの生活や遊びに必要なものをつくり潤いをもたらすものでもあります。製作にはそんな魅力があるのではないでしょうか。

製作 援助のポイント！

イメージが豊かになるような環境を用意する

牛乳パックや空き箱・空き容器等の廃材、木の実や小枝・木の葉といった自然物、紙類やビニール、ひも……など私たちの身のまわりには、子どもたちのイメージを豊かにふくらませてくれる素材がたくさんある。こうしたさまざまな素材をはじめ、子どもたちのイメージをふくらませ「つくりたい」という思いをかきたてるような環境を用意することが大切である。

道具の使い方を伝える

つくるためのさまざまな道具を用意しておくことも大切である。しかし、子どもたちははじめて見る道具も多いので、そうした道具の使い方を伝えていくことが必要になるだろう。口頭で伝えるだけでなく、モデルになって使っているところを見せたり、実際に使いながら伝えていくとよい。

つくる過程を楽しめるようにする

製作はそのできばえに注意が向くことが多くなりがちだが、つくる過程の楽しさを十分に味わえるようにしたいものである。子どもたちがつくったものを認めていくことは大切であるが、そのできばえを評価するのではなく、つくって楽しかった気持ちに共感できるとよいだろう。

イメージしたことを形にする楽しさを味わえるようにする

子どもたちは豊かにイメージをふくらませている。そうした子どものイメージを形にすることの楽しさを味わえるようにすることが大切である。子どものイメージを引き出しながら、必要に応じて助言や手助けをしたり、必要な環境を用意することが求められる。

自分の力でつくりあげる楽しさや喜びを味わえるようにする

自分の力でものをつくりあげることは子どもにとって大きな喜びであるとともに、楽しみでもある。子どもたちのもっている力を引き出しながら、1人ではむずかしいところだけを手助けし、子どもが「自分でつくった」という感覚がもてるよう援助するとよいだろう。

友達と協力しながらつくり上げる楽しさや喜びを味わえるようにする

友達とイメージを出し合い、ものをつくることはとても楽しいものである。必要に応じて、友達とイメージを共有できるよう代弁したり、それぞれのよさを引き出しながら協力してつくりあげる楽しさや喜びを味わえるようにすることが大切である。

Q&A 実習でこんな場面に出会ったらどうかかわる？

Q 折り方の知らない折り紙を「折って」と頼まれたら、どうしたらいいの？

子どもに「カエル、折って」と折り紙を渡されました。折ってあげたいのですが、カエルの折り方を知りません。どうしたらよいでしょうか。

A 知らないものを折ることはできませんね。正直に「折ってあげたいけど、折り方を知らないの」と言ってもよいのではないでしょうか。ただし、「折って」と言った子どもの気持ちを考えてみましょう。実習生とかかわりたい気持ちが強く、折り紙を折ってもらうことでかかわりをもとうとしたのかもしれません。あるいは本当にカエルの折り紙がほしかったのかもしれません。

カエルにこだわりが強くないようなら、「○○なら折れるけどいい？」と聞いてみるのもよいでしょう。カエルがほしいという思いが強いようなら、カエルを折る努力をしてみましょう。保育室に折り紙の本が置いてあるようなら、その本にカエルの折り方が書いてあるかもしれません。もし折り紙の本がないようなら、「だれか、カエルの折り方、知っている人いないかな」とまわりの友達に聞いてみるのもよいでしょう。誰も知らないようなら、頼んだ子どもと一緒に折り方を考えてみましょう。わからないながら、自分のために一生懸命カエルを折ろうとしてくれている気持ちが子どもに伝わることでしょう。

Q 友達のつくっている作品に「へんなの」と言う子どもにどう対応したら？

空き箱で一生懸命に携帯電話をつくっている子どもがいます。そこへ他の子どもがやってきて「何それ、へんなの？」と言いました。一生懸命につくっていた子どもは悲しい顔をして涙を浮かべています。どのように対応したらよいでしょうか。

A まず、「そうかしら？　わたしはとても素敵だと思うけど。わたしもそんな携帯電話ほしいな」と、一生懸命につくっていた子どもの作品のよさを言葉にして認めてあげましょう。実習生から認められることで、悲しかった気持ちも少しはやわらぐことでしょう。

「へんなの」と言った子どもに対しては、「そんなこと言ってはいけません」と怒ってみてもあまり効果はないでしょう。「へんなの」と言った子どもはどのような気持ちでその言葉を発したのでしょうか。あまり考えずに正直に思ったことを口にしたのかもしれませんし、ただふざけていただけかもしれません。あるいは、上手にできているのがうらやましくて言ったのかもしれません。うらやましくて言ってしまったのなら、その気持ちを受け止めてあげましょう。しかし、どんな理由にせよ、自分が発した言葉で友達を傷つけてしまったことを子ども自身が受け止め、考えられるよう援助することが大切です。「そんなこと言ったら、悲しくなるね」と穏やかに言葉をかけてあげるとよいでしょう。

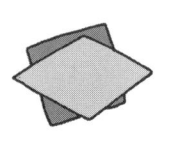

製作

低年齢児 0〜2歳

　この時期、手先の動きもよく発達するので、紙をちぎったり、貼ったりすることができるようになります。2歳過ぎころからハサミも少しずつ使えるようになり、直線を1回切りするところから、連続切りへと進んでいきます。子どもたちは、目的をもって何かをつくるというよりも紙をちぎったり、ハサミで切ったり、貼ったり、あるいはまるめたりする行為そのものを楽しんでいるようです。遊びのなかでちぎる、まるめる、切る、貼るなどの経験を積み重ねることで、しだいにつくることの楽しさもわかるようになるでしょう。

事例　「何つくっているの？」

6月
2歳児
2人

カヨ
ミチコ

　カヨは1人でイスに座り、黙々と何かをちぎっている。よく見るといつも保育室に置いてある新聞広告紙をちぎっているようである。カヨの前にはちぎった広告紙が山のようになっている。真剣そのものの表情である。
　そこへ実習生がやってきて「何つくってるの？」とカヨにたずねるが、カヨはきょとんとした顔で実習生を見る。そして、何も答えず広告紙をちぎっている。実習生は「何ができるのかなあ。おもしろそうだね」とカヨに話しかける。それでもカヨは黙ってちぎり続けている。実習生は、製作棚から画用紙とのりをもってきて、「カヨちゃん、これかして」とちぎった広告紙を数枚もらい、画用紙にのりで貼りつけた。カヨはときおり実習生の様子を見ているが、それでも広告誌をちぎり続けている。実習生は広告紙を貼りつけた画用紙をカヨに見せ、「見て。何に見えるかなあ」とたずねる。カヨは首をかしげてニコニコしているが何も答えず、広告紙をちぎっている。そばで見ていたミチコが実習生のつくった画用紙を見て、「ウサギさんの耳みたい」と言う。実習生は「そうかあ。ウサギさんみたいだね」と答え、クレヨンをもってきて画用紙にウサギの顔を描き出す。ミチコは「ウサギさんだあ」と喜ぶ。実習生がその画用紙をミチコに渡すと、ミチコはうれしそうに受け取り画用紙を頭の上にあてて、ウサギのようにぴょんぴょんと跳ねて見せた。カヨはその様子をニコニコして見ていたが、広告紙をもう1枚もってくると再びちぎりはじめた。

① つくることより、ちぎることが楽しい

　カヨの前にはちぎった広告紙が山のようになっています。それでもちぎり続けるカヨの集中力はすばらしいものです。実習生が「何つくってるの？」とたずねますが、その質問にきょとんとして何も答えなかったのは、何かをつくっていたわけではなかったからでしょう。カヨはつくるということより、広告紙をちぎるという行為を楽しんでいたのでしょう。ちぎるときの音や感触はなかなかおもしろいものです。

　一方、ミチコは実習生のつくったちぎり絵に興味を示しています。ちぎった広告紙を貼りつけた画用紙を見て「ウサギさんの耳みたい」とつくったものを見立てました。その見立てに応じて実習生がウサギの顔を描いたことにより、ミチコはウサギになりきって楽しんでいます。

② ちぎる楽しさを子どもとともに味わう

　実習生は広告紙をちぎっているカヨに「何つくってるの？」とたずねています。しかし、カヨは何かをつくっているのではなく、ちぎることそのものを楽しんでいるのです。けれども、実習生はさらに画用紙とのりをもってきて、ちぎった紙を使って何かをつくる働きかけをしました。つくることを楽しんでもらおうとした実習生でしたが、ちぎることを楽しみたいカヨにとってはあまり意味をもたなかったようです。

　カヨの真剣な表情やカヨの前にある山のようなちぎった広告紙を見れば、カヨのちぎるという行為への集中力が見てとれるでしょう。このとき実習生も一緒に広告紙をちぎってみてもよかったと思います。一緒の行為をすることでカヨの楽しさに共感できることでしょう。何かをつくり上げることを目的とするのではなく、ちぎったり、貼ったり、まるめたり、といった行為をまずは子どもとともに楽しみたいものです。子どもがちぎることに十分満足すれば、次の楽しみを見つけることでしょう。

　子どもが何かをちぎったり、貼ったりしているからといって、それが何かをつくっていることとイコールではないことがこの時期にはよくあります。何かをつくり完成させることばかりに気を取られず、子どもが楽しんでいることに目を向けましょう。

▶▶▶ CHECK POINT
- 子どもが素材に自由にかかわる楽しさに共感する
- つくることだけを目的とするのでなく、ちぎる、壊すといったさまざまな行為を楽しめるようにする

3歳児 12月　製作

この時期になると、つくりたいものを思い描いて、何かをつくろうとします。手先の器用さも増して、セロテープやのり、ハサミを使うこともだいぶうまくなりますが、自分の思い描いたものをつくるにはまだ保育者の手助けを必要とすることも多いようです。子どもたちは保育者の手助けを得ながら、自分でつくる楽しさを味わっていきます。

> 12月
> 3歳児
> 6人

事例　「リボンがほしい！　お姫様にはリボンがなくちゃ」

ミキコ
サチ
ユリエ
ハナエ 他2人

ままごとコーナーでは、ミキコ、サチ、ユリエが長いスカートを身につけ、お姫様になりきって遊んでいる。それぞれ自分のイメージするお姫様は異なるようであるが、スカートをヒラヒラさせたり、かばんを横に下げて歩いたりと楽しそうである。

このようななか、サチが「リボンがほしい！　お姫様にはリボンがなくちゃ」と実習生のもとへくる。実習生は、「リボンかぁ。ちょっと待ってね」と言うと、折り紙の置いてある棚の前に行き、「何色のリボンがいいの？」とサチにたずねる。サチは「ピンク！　ピンクのリボン」と答える。実習生はピンクの折り紙を取ると、じゃばらに折りはじめた。サチは実習生が折り紙を折っている様子に目を見張りじっと見つめている。じゃばらに折った折り紙の真ん中をセロハンテープで止めてリボンができあがると、サチは「リボンだ！」とうれしそうである。そして、「ここにつけるの！」とスカートのお腹の辺りに当てて見せる。実習生はリボンをサチのお腹の辺りにテープでつけた。

サチのリボンを見たミキコとユリエは、「わたしも！」と実習生のもとへやってくる。実習生は「じゃあ、好きな色の折り紙をもってきてね。順番につくるからね」と言うと、順番にリボンをつくりはじめた。すると、他の子どもたちも実習生のまわりに集まってきて、「わたしも！」とハナエ、ユイ、マリコが列に並ぶ。サチも「もう1つ！」と言って後ろに並んだ。この他にも実習生の横でリボンをつくる様子をじっと見つめるハナエ。リボンをもらったミキコとユリエは、リボンを頭や腰につけてみたり、リボンを半分に折って「扇子みたい！」と喜んでいる。実習生は、「つくって」と待っている子どもたちのために、リボンを一生懸命つくり続けた。

① イメージしたものが形になっていく様子を楽しむ

　サチのお姫様のイメージはリボンのついたスカートだったようです。実習生がリボンをつくったことにより、サチはイメージを実現することができ、満足だったことでしょう。1枚の折り紙が自分のイメージしたリボンになっていく様子にサチは目を見張って見つめています。自分のほしいと思っているリボンが目の前でできていく様子に興味津々だったに違いありません。

　ミキコとユリエもそれぞれのイメージでリボンを頭や腰につけて喜んでいます。実習生につくってもらったリボンでしたが、そのリボンを真ん中で折って「扇子」にするなどの工夫も見られました。

② 子ども自身がつくる楽しさを味わえるようにする

　実習生がサチのために保育室に置いてある折り紙でリボンをつくったことは、サチの要求を満たしただけでなく、「身近なもので自分のほしいものをつくることができる」ということを知らせることができたという意味でもよい援助だったと思います。

　しかしその後、次々とくる子どもたちへのかかわりはどうだったでしょうか。どの子どもにも要求のままにリボンをつくって渡すという援助になっています。すべてつくってあげてしまうのでなく、一緒につくってみるという援助もあってよかったのではないでしょうか。ハナエは実習生の横でつくる様子をじっと見つめています。「もう1つ！」と言って列に並んだサチも、折り紙がリボンになっていく様子を目を見張って見ていました。つくることへの関心が強いものと思われます。こうした子どもたちの興味をとらえ、子どもたちがつくる場を設けることができればもっとよかったでしょう。また、リボンを半分に折って「扇子」にするといったミキコとユリエの工夫も「おもしろいね」と取り上げることで、子どもたちが工夫してつくることの楽しさを味わったり、他の子どもたちの工夫も引き出すことができたかもしれません。

　すべてをつくってあげてしまうのではなく、子ども自身ができることは子どもがつくれるように援助するようにしましょう。そのことにより、子どもたちがつくることの楽しさを味わえるようにすることが大切です。

> **CHECK POINT**
> ● つくることの楽しさを味わえるように援助する
> ● つくる過程において子ども一人ひとりの工夫を認め、大切にする

製　作

4歳児 2月

はっきりとしたイメージをもって、ものをつくる楽しさを味わうようになります。手先の器用さもさらに増し、牛乳パックや空き箱などさまざまな素材を活用して、自分のイメージしたものをつくろうとする姿が見られるようになります。この時期、子ども一人ひとりのイメージを大切にしながら、それが実現できるような環境や援助が求められます。

2月 4歳児 1人

事例　「ノートパソコンつくりたい」

マリカ

　マリカが空き箱を抱えて1人で黙々と何かをつくっている。空き箱の1面には2cmほどの四角をマジックで描き並べている。四角のなかには、数字やひらがなの文字などが書かれている。描き終えると、今度は製作棚から画用紙をもってきて、画用紙に絵を描きはじめた。その後、絵を描いた画用紙の端と空き箱の端をセロハンテープを使って貼りつけようとしている。かなり長い時間をかけてようやく貼り合わせることができた。

　そこへ実習生がやってきて、マリカに「いいのができたね」と声をかける。しかし、マリカは「いいのじゃない！」と泣き出してしまった。実習生は、少し驚いて「そうかなあ。上手よ」ともう一度言うが、マリカは画用紙を破いてしまった。実習生が「どうしたの？」と聞くと、「これが立たないの。お父さんのパソコンつくりたいの！」と泣きながら怒っている。どうやら画用紙はノートパソコンの画面のようであった。実習生は「そうだったのか」と言い、もう1つ空き箱を見つけてくるとキーボードの空き箱とつなげて、「これでどうかなあ」とマリカに見せた。マリカは実習生のつくったパソコンを手にして泣きやんだが、そのパソコンで遊ぶことはなかった。

① 自分のイメージしたとおりにできない

　マリカは父親の使っているノートパソコンをイメージし、それをつくりたかったようです。空き箱にはいくつも四角を描いてキーボードができました。しかし、パソコンの画面が画用紙だったためにイメージしたとおりにその画面を立たせることはできませんでした。時間をかけて一生懸命つくっていたマリカはとても悔しかったことでしょう。そんなマリカに「いいのができたね」「上手よ」という実習生の言葉は、せっかくつくったパソコンの画面を破いてしまうほど、受け入れがたいものでした。
　その後、実習生がノートパソコンの画面を空き箱に変えてつくり直しますが、マリカがそのパソコンで遊ぶことがなかったのは、自分でつくりたかった思いが実現できなかったことの悔しさが残っているからかもしれません。また、自分のパソコンのイメージとは違ったものになってしまったのかもしれません。

② 子どもが満足してつくることを大切にする

　自分の思いどおりにつくることができなかったマリカに対し、実習生は「いいのができたね」と声をかけてしまいました。マリカの様子や表情をもっと細やかに観察できていればこのような言葉はかけなかったことでしょう。子どもが何かをつくったときに、よく観察せずに「上手ね」などと評価するような言葉をかけることは避けたいものです。上手につくることよりも、子どもが満足してつくることを大切にしましょう。マリカに対しては悔しいその気持ちにまずは共感してあげることが必要でした。
　自分のつくったものに満足していないマリカへの援助として、実習生はすべて代わりにつくってしまいました。マリカにとってそれは自分の作品ではなく、実習生の作品なのでしょう。どのようにすれば画面を立たせることができるのかをマリカとともに考え、マリカのイメージを引き出しながら、手助けをすることが大事です。あくまでもつくるのは実習生ではなくマリカなのです。

　この時期の子どもはイメージがよりはっきりとし、そのイメージどおりに自分でつくりたいという思いも強くなります。子どものイメージを大切にしながら、それが実現するように手助けをすることが大切です。

▶▶ CHECK POINT
- 上手につくることよりも、子どもが満足してつくることを大切にする
- 子どものイメージを大切にしながら、子どもが自分でつくることができるよう手助けする

製作

5歳児 10月

イメージがよりいっそう豊かになり、自分のイメージにこだわってものをつくろうとします。つくるためのさまざまな方法も身につけて、表現が豊かになります。また、友達とイメージを出し合いながら、協力して1つのものをつくる経験がこの時期重要です。

事例　「動物園をつくろう！」

10月
5歳児
4人

ヒデヒト
ヨシト
ヒロアキ
ユキヤ

　ヒデヒトが空き箱を使って何かつくっている。「何つくってるの？」とヨシトがたずねると、「キリンだよ。昨日、動物園にいたでしょ」と答える。ヨシトも「おれもつくろう」と廃材置き場から、紙皿と空き箱をもってきてヒデヒトの横に座り何かつくりはじめた。2人は楽しそうに昨日の動物園遠足で見た動物の話をしながら、つくっていく。
　ヒデヒトが「できた！　キリンだよ」と言うと、ヨシトは「ほんとだ。キリン、いいね」と答える。ヨシトは「おれは、ライオン。だけど、ライオンのタテガミどうしよう」とヒデヒトに相談する。ヒデヒトは製作棚からすずらんテープをもってきて「これでできるんじゃない？」とヨシトに渡す。ヨシトは「そうか！」と言うとすずらんテープを切り、セロハンテープでタテガミをつけていった。完成すると、「やったね！　キリンとライオンで動物園だ」「動物園をつくろう！」と2人は喜んでいる。そこへ、ヒロアキとユキヤがやってきて「動物園かぁ！　おれもつくろう」と参加する。ヒデヒトとヨシトも「ヨシ！　もっとつくろう。今度は何にする？」と楽しそうである。
　実習生は、「動物園？　おもしろそう。先生も一緒につくっていいかしら？」と子どもたちのなかに入っていく。子どもたちは「いいよ、先生は何つくるの？」「ぼくはね、ぞうだよ」、「おれはさる」などと実習生が入ったことでいっそう盛り上がっている。実習生は「そうか。動物もいいけど。動物園には動物の檻が必要になるわね。私は檻をつくろうかしら？」と提案し、檻をつくりはじめた。子どもたちは自分たちの動物をつくりながら実習生のつくる檻を興味深そうに見つめている。実習生は檻ができあがると、動物たちを檻のなかに入れる。動物園のイメージが形になり、子どもたちもうれしそうである。実習生はさらに、「動物園の看板もつくらなきゃ」と言って看板をつくりはじめた。子どもたちは、それぞれ自分のイメージする動物をつくることに熱心になっている。

① 共通のイメージをもって1つのものをつくることが楽しい

　子どもたちにとって動物園遠足はとても楽しかったことでしょう。さまざまな動物に興味をもち、それを廃材製作で表現することを楽しんでいます。友達とイメージを出し合いながらつくることも楽しいのでしょう。また、友達とアイデアを出し合いながら、自分たちのイメージを形にしているようです。

　ヒデヒトとヨシトのつくったキリンとライオンに刺激を受けて、ヒロアキとユキヤもつくりたくなりました。それぞれが印象に残っている動物は異なり、その表現方法もさまざまですが、「動物園をつくろう」という共通のイメージがこの遊びをより楽しいものにしています。友達と協力しながら、共通のイメージをもって1つのものをつくることに楽しみを感じているようです。

② 子どもたちのイメージを大切にする

　実習生は「動物園？　おもしろそう」と子どもたちに共感しながら自然に遊びのなかに入っていくことができました。子どもたちもそれを喜んで受け入れています。

　そして、実習生は「……檻が必要になるわね。私は檻をつくろうかしら？」と提案し、檻をつくりました。また、さらに「動物園の看板もつくらなきゃ」と看板もつくっています。こうした実習生のかかわりによって、動物園のイメージが形になっていきました。しかし、よく考えてみましょう。このイメージは実習生のイメージであり、子どもたちのイメージではありません。大切なことは、子どもたちがイメージを出し合い、子どもたちのイメージを子どもたちが実現していくことです。実習生がイメージを出すことが悪いわけではありませんが、その前に子どもたちのイメージを引き出すかかわりが必要であったと思います。しかし、子どもたちはまだ動物をつくることに熱心になっているので、まずは動物をつくることを十分に楽しむことが大切です。十分に満足した後に次のイメージが広がっていくことでしょう。

　この時期、友達同士、互いのよさを認め合いながら、協力して物事を進めていく経験を大切にしたいものです。子どもたちがそれぞれのイメージを出し合い、協力しながら1つのものをつくりあげていく楽しさを味わえるようにするとよいでしょう。

> **CHECK POINT**
> ● 子どもたちがイメージをふくらませ表現することができるようなかかわりを心がける
> ● 友達と共通のイメージを出し合えるようなかかわりを心がける
> ● 友達と協力して1つのものをつくりあげる楽しさを味わえるようにする

🐰 Column　はさみが使えるようになるまで

　子どもたちは手先が器用になるに従って、さまざまな道具を使えるようになります。道具が使えるようになることで遊びも広がっていき、楽しみも増えます。はさみもそんな道具の1つですが、「はさみが使えるようになるまで」どのような援助が必要なのでしょうか。確認しておきましょう！

❋　はさみの楽しみ方

　最初は簡単な切り方からはじめて、切ること自体を楽しみます。
いろいろな切り方を楽しんで、それから製作へと進めていきましょう。

○短い直線を1回切りする
　1～2cm位の幅の紙を用意し、はさみを1回動かし紙を切り落とすことからはじめましょう。紙の厚さははがき位が切りやすいです。
↓
○長い直線を連続切りする
　はさみを連続して動かして前に進めながら直線を切ります。
↓
○曲線を切る
　簡単な曲線から、円をきります。最後には渦巻きへと進めます。
↓
○ジグザグした線を切る
　ジグザグした線をはさみの方向を変えながら切ります。
↓
○穴を切り抜く
　紙を折って半円を切ったり、きっかけの穴を開けて円を切り抜きます。

❋　はさみの留意点

・かならず座って扱います。
・もち運びには留意し、かならず刃を閉じて手のひらで握ります。
・はさみをふりまわさないよう十分注意します。
・人に渡すときには刃先を自分に向けます。
・しっかり指を柄に入れてもちます。はじめての場合には一緒に手を添えてもってあげます。
・体の正面でもち、はさみを立てて紙を垂直になるようにして切るようにします。
・はじめは、「グーパーグーパー」と声をかけ、手を開いたり閉じたりして切る感覚をつかめるようにします。

Practice 実践 8

運動遊び

　乳幼児期の子どもにとって運動遊びはとても魅力的なものです。運動遊びをしている子どもたちをよく見ていると、体を動かすこと自体を楽しんでいることがわかります。乳幼児期は運動機能の発達が著しく、運動機能の高まりとともに、自分の体を自由に動かし、その楽しさを知ります。歩けるようになったばかりの子どもがただひたすらに歩いている姿をよく目にします。目的地があるわけでもなく、ただ自分の足を動かしてバランスをとり歩くことが楽しいようです。転んでも立ち上がり、また歩き出します。上手に歩けるようになると、今度は走ることもできるようになります。さらに、跳ぶ、登る、降りる、ぶら下がる……など、この時期の子どもたちは自分の体をさまざまに動かすことが可能となるので、そうした動きを楽しめる運動遊びが大好きなのです。そして、こうした運動遊びを通して、子どもたちはさらに運動機能を高めていきます。

　また、子どもたちは運動遊びにおいて、1人で挑戦してできるようになった喜びや友達と競争する楽しさを味わったりします。ルールに従って体を動かす楽しさを味わったりすることも、運動遊びの魅力です。

運動遊び 援助のポイント！

運動がしたくなるような環境を用意する

子どもたちは、何もなくても工夫して体を動かし遊び出す。それくらい運動することが大好きだが、運動がしたくなるような環境を用意することで、運動遊びがもっと楽しいものとなるだろう。走りまわれる広いスペースや、ボールや縄、フープといった遊具など、子どもの興味、関心に合わせて運動遊びが楽しくなる環境を用意しよう。

安全に遊べるよう留意する

運動遊びをするときには、子どもたちが安全に遊べるよう留意しよう。子どもが思いきり体を動かして遊べるだけのスペースはあるか、周囲にケガにつながるようなものがあったりしないか、危険な遊び方をしていないかなどに気を配ることが必要である。また、子どもたち自身が安全を意識しながら遊ぶことができるようにかかわっていくことも重要である。

保育者も一緒になって体を動かすことを楽しむ

保育者が楽しそうに遊ぶ姿を見せることは、子どもたちにとって何よりも魅力的である。保育者が楽しそうに体を動かす姿を見て、子どもたちも一緒に体を動かしたくなるだろう。子どもとともに体を動かし、汗を流して遊ぶことで、子どもたちと運動遊びの楽しさを共有することができる。

子どもの発達に応じた運動遊びができるようにする

運動機能の発達が著しい乳幼児期の子どもたちは、それぞれの発達の状況によって、やりたい運動遊びの内容も異なる。子どもがどのような動きを楽しみたいのか、子どもの発達に応じた運動遊びができるようにすることが大切である。

できるようになることよりも体を動かすことを楽しめるようにする

運動遊びというと、その運動ができるようになることが目的になりやすいものである。しかし、できるようになることよりも子どもが体を動かすことを楽しめるようにすることが何よりも大切である。その上で、できるようになる喜びを味わえるようにしよう。

楽しい運動遊びを知らせていく

子どもたちは自ら工夫してさまざまに体を動かして遊ぶ。そうした子ども自らの運動遊びを大切にしながら、ときに保育者から楽しい運動遊びを知らせていくことも必要である。楽しい運動遊びを知らせることで、子どもたちの運動遊びがさらに充実したものとなるだろう。

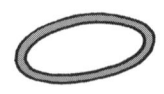

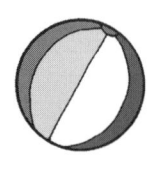

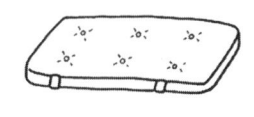

Practice —— 実践8　運動遊び　103

Q&A　実習でこんな場面に出会ったらどうかかわる？

Q　すべり台の上に縄を結んでぶら下がっているけど、危なくないの？

子どもたちがすべり台の一番上に縄跳びを結んでぶら下がって遊んでいます。危なくないか心配ですが、どうしたらいいのでしょうか。

A　子どもたちはさまざまに工夫して遊びます。すべり台に縄を結ぶことによって新たな遊びを発見した子どもたちの発想の豊かさを喜びたいものです。しかし、安全かどうかを確認することが何より大切です。まずは、縄がしっかり結べているのか、首にひっかかったり、落ちる可能性はないか、をチェックします。危ないと判断したらすぐに止めてください。そのとき、何が危ないのかを子どもにわかるように話すことも大事です。判断に困ったら、すぐに担当保育者に確認を取ることが重要です。子どもの発達の状況や園内の環境、その使い方について、短い実習期間のなかで実習生が十分に理解し、判断することはむずかしいからです。子どもの安全にかかわることは、かならず担当保育者に相談するようにしましょう。

Q　ドッジボールと縄跳びの遊びがぶつかって遊びにくそうだけど、どうしたら？

ドッジボールで遊んでいる子どもたちの横で、数人の女児が縄跳びをはじめました。縄がドッジボールで遊ぶ子どもにあたったり、ボールが縄跳びの子どもたちにぶつかって遊びにくそうです。どう対応したらいいですか。

A　子どもたちは自分の目の前のことだけしか目に入ってこないことがよくあります。しかし、「まわりをみてごらん」と声をかけると、周囲を見渡してその状況を理解することができます。どこで遊んだら遊びやすいかを子どもたちと一緒に考え、思い切り体を動かして遊べる場所を見つけられるようにしましょう。この場合、後からきた縄跳びの子どもたちに声をかけ、縄跳びのできそうな広いスペースを一緒に探してあげるといいでしょう。

Q　逆上がりができなくて泣いている子にどう対応したらいいの？

何度も鉄棒で逆上がりをしようとがんばっていますが、なかなか成功できずにいる子どもがいます。まわりの友達も「がんばれ」などと励まし、長いことがんばっていましたが、なかなかできずにとうとう泣き出してしまいました。どう対応したらいいのでしょう。

A　まずは、がんばり続けたその姿を認めてあげたいものです。子どもががんばる姿を心から尊敬し、言葉にして認めることが大切です。また、達成できないその子どもの悔しさに共感しましょう。子どもが心から悔しいと感じているその心に少しでも自分の心を近づけてみましょう。「悔しいね」と言葉にするだけでなく、そばに寄り添ったり、肩に手をおいたりすることも大切です。

子どもがまた挑戦してみようという気持ちになったら、そばで見守ったり、励ましたりするといいでしょう。「少しだけ手伝おうか？」とたずね、子どもが受け入れたら、手助けをすることで「できた！」という思いがもてるようにすると、次の意欲へもつながります。

運動遊び

低年齢児 0〜2歳

　この時期は、腹ばいからはう、つかまり立ち、つたい歩き、歩行、さらには走る、跳ぶといった運動が可能になります。子どもたちは遊びを通して、こうした運動機能を発達させていくのです。安心して体を動かして遊べる環境と、保育者のあたたかなかかわりが重要な時期です。

事例　「たっち、じょうずね」

6月
0歳児
2人

ケイジ　ノリカ

　ノリカは、腹ばいになって目の前の玩具に手を伸ばしている。実習生はその様子を見ていて、玩具をノリカに渡した。ノリカは玩具を受け取ると、ニコニコと喜んで玩具を振ってみたり、口にもっていき確かめている。その横では、ケイジが実習生の肩につかまり、立ち上がろうとしている。ケイジはバランスを取りながら立ち上がると、実習生の肩につかまったまま、膝を曲げたり伸ばしたりしてうれしそうにしている。実習生はそんなケイジの様子をほほえんで見ている。

　保育者は、ケイジに「たっち、じょうずね。スゴイ、スゴイ」と声をかけた。ケイジはうれしそうに、膝を曲げたり伸ばしたりしてニコニコしている。保育者は、「あんよはできるかな？」とケイジの手を取り、「いち、に、いち、に」とゆっくり声をかけながらケイジがつかまり歩きができるように働きかけた。すると、ケイジも保育者の声に合わせて足を前に出そうとする。足が前に出るとうまく体重がのせられないのか、すぐに崩れてしまうが、ケイジは再び保育者の肩につかまって立ち上がる。保育者は「たっち、じょうず。もう1回、あんよしてみる？」とケイジの手を取り「いち、に、いち、に」と声をかける。ケイジは、保育者に支えられながら、足を前に出して歩くことを楽しんでいる。その横では、ノリカが保育者の「いち、に、いち、に」という声に合わせて手足を前にだそうとバタバタさせている。

① 一人ひとりの運動発達に合わせて、さまざまな動きを楽しむ

　ケイジはつかまって立ち上がることを楽しんでいます。つかまり立ちができるようになると、座っているときとは景色の見え方も違ってくることでしょう。自分の足を使って立ち上がることへの喜びとともに、立ち上がることで目の前に広がる新たな世界を楽しんでいるのかもしれません。また、保育者の援助により、支えられながら一歩一歩足を前に出して歩くということも楽しむことができました。歩くことができなかった子どもにとって、自分の足で移動することは大きな喜びに違いありません。
　ノリカはケイジのようにまだつかまり立ちをすることはできません。しかし、ノリカは保育者の「いち、に、いち、に」というかけ声により、腹ばいで手足をバタバタさせて楽しんでいるようです。この時期の子どもは月齢によって運動機能に大きな発達の差があり、それぞれの運動発達に合わせて、さまざまな動きを楽しみます。

② 子どもが動きたくなるようにかかわる

　実習生はノリカが玩具に手を伸ばした様子をよく見ており、ノリカにその玩具を取ってあげました。ノリカは満足したのか、受け取ると笑顔でうれしそうです。そして、玩具を振ったり、口でなめたりして、楽しそうに遊んでいます。実習生はノリカの要求を理解して応えたという意味では、よいかかわりができたといえるでしょう。
　しかし、玩具をすぐに取ってあげるのではなく、手を伸ばして自分で取ろうとしていたノリカの様子をもう少し見守ってあげてもよかったのではないかと思われます。保育者のケイジへの「いち、に」のかけ声に、ノリカが手足を前に出そうとしている姿から、ノリカも自分ではって前に進むことを楽しみたいのではないかと考えられます。玩具を取ってあげる前に、ノリカの前に行き、玩具を目の前において「ノリカちゃん、おいで。いち、に」などの声をかけてあげると、はうという動きを楽しめたかもしれません。はうことができなくても、手足をバタバタと動かすその動きを楽しめたと思われます。子どもが動いてみたくなるようなかかわりをすることが大切です。

　この時期は、腹ばいからはう、つかまり立ち、つたい歩き、歩行へと発達していく時期なので、発達に応じた動きを楽しめるような援助が求められるでしょう。

> **CHECK POINT**
> ● 一人ひとりの運動発達に合わせた動きを楽しめるように援助する
> ● 子どもが自ら動いてみたくなるようなかかわりをする

3歳児 6月 運動遊び

　基本的な運動能力が育って、歩く足取りもしっかりし、走ることはもちろん、跳ぶ、引っ張る、投げる、蹴る、転がる、ぶら下がるなどの基本的な動きが可能となってくるので、運動遊びにも広がりが見られます。また、環境へのかかわりもいっそう積極的になり、さまざまな遊具を使って、全身で遊ぶことを楽しみます。

> 6月
> 3歳児
> 3人

事例　「フラフープ！　わたしもやってみたい」

ミサト
カリナ
ミナ

　ミサトがホールでフープを発見する。さっそく手にすると、輪のなかに体を通すなどして遊んでいる。カリナとミナも「何それ？」とフープを1つずつ手に取り、興味を示す。ミサトたちは、近くにいた実習生に「これ何？　どうやって遊ぶの？」とたずねる。実習生は、「これはね、フラフープ。こうやって遊ぶのよ」と腰でフープをまわして見せた。子どもたちは、「スゴイ！」「フラフープ！　わたしもやってみたい」とさっそくフープを腰に当てて挑戦するがうまくいかない。実習生は「こうやって腰を動かすのよ」と見本を見せながら教えた。子どもたちは実習生が教えてくれたように何度かやってみるが、やはりうまくいかず、「もう、いいや」と言い残し、その場から離れてしまった。

　しばらくすると、ミサトたちはまたホールに戻ってきた。今度はボールを手にしている。3人はボールを転がして遊びはじめた。ミサトがカリナに向かってボールを転がすと、偶然にも先ほど遊んでいたフープの輪のなかにボールが入った。子どもたちは「あれ？　おもしろい！」「このなかにボールを入れよう」と、フープを並べて輪のなかにボールを転がす遊びをはじめた。3人は、ねらいを定めてみたり、そっと転がしてみたり、いろいろ試しながら、ボールが輪に入ったときは大喜びをして、しばらくの間、楽しそうに遊んでいた。

① フープの新たな遊び方を楽しむ

　ミサトたちはフープに興味津々のようです。手に取って、体を通してみたりして試しています。実習生がフープを腰でまわす姿を見て、すぐにやってみたいと思ったことでしょう。しかし、ミサトたちにはフープを腰でまわすのはむずかしく、そのことでフープへの興味が薄らいで、遊びを楽しむことができませんでした。

　しかし、転がしたボールが偶然にもフープの輪に入ったことから、フープを使った遊びが再開します。フープのあらたな遊び方を発見した3人は楽しそうに遊んでいます。自分の動きをコントロールしながら、フープの輪のなかにボールを入れる楽しさを味わっています。

② フープのさまざな遊び方を考える

　「どうやって遊ぶの？」とフープの遊び方を聞かれた実習生は、腰でまわす遊びを子どもたちに示しました。子どもたちは実習生の示した遊び方に興味は示したようですが、ミサトたち3人にとってはむずかしい遊び方だったようです。少々むずかしくても練習してできるようになるくらいならよいのですが、この遊び方は3人の発達にはあまり合っていなかった遊びだったといえるでしょう。

　このようななかで、実習生は他の遊び方を示してみることも必要だったと思われます。転がしてみたり、フープをいくつか置いて輪のなかをジャンプしてみたり、いろいろな遊びが考えられることでしょう。すぐに思い浮かばなかったら、子どもたちと一緒に考えてみてもよいのです。子どもたちとフープにふれながら、子どもたちの発想を引き出すようにしましょう。子どもたちは、柔軟な頭でさまざまなフープへのかかわり方を示してくれることでしょう。

　フープという1つの遊具から考えられる遊びはたくさんあることでしょう。この時期の子どもはさまざまな動きができるようになってくるので、そうした発達に合わせていろいろな動きを楽しめる遊び方を子どもたちとともに考えていきましょう。

> **CHECK POINT**
> - 1つの遊具からさまざまな遊びを提示する
> - 子どもとともにさまざまな遊びを考える
> - さまざま動きを楽しめるよう援助する

運動遊び

4歳児 2月

運動機能はますます伸びて、活発に運動遊びに取り組む姿が見られるようになります。十分に体を動かすことの心地よさを味わい、自ら運動することの喜びや達成感を味わう経験が大切です。集団で遊ぶことの楽しさもわかるようになるので、鬼ごっこやボールを使った簡単なルールのある集団遊びにも取り組むことができるようにするとよいでしょう。

事例 「サッカーしようよ！」

2月 4歳児 2人

マサタカ／ミツル

　マサタカは、昨日、家でサッカーを見たようで、「○○のシュート、かっこよかったんだよ。見た？」と友達のミツルたちに話している。ミツルも「見た、見た！　あのシュートかっこよかったよね」と、ボールを蹴るまねをして興奮気味である。「サッカーしようよ！」とマサタカ。「うん！　やろう。でも、どうやって？」とミツルが言う。マサタカはそばにいた実習生に「サッカー、したいんだけど」と相談する。実習生は、「サッカーかあ。いいね。先生も昨日サッカー見たよ」と答え、「サッカーだったら、広いところでやらなきゃね。どこがいいかなあ」と言う。ミツルは「じゃあ、ホールでやろうよ」と答え、子どもたちと実習生はホールに移動した。

　サッカーをすることになったものの「ゴールはどうする？　ボールもない」と子どもたちが言うので、実習生は「みんなでつくろうか？」と提案する。大型積み木をもってきて「これでゴールができないかな？」と実習生が言うと、マサタカは「できるよ」とすぐに大型積み木を並べてゴールをつくりはじめた。「ボールはどうするの？」と言うミツルに、実習生は「この新聞紙を丸めると、ボールにならないかな？」とミツルと一緒に新聞紙を丸め、クラフトテープを巻きつけてボールが完成した。ゴールとボールが完成したところで、サッカーがはじまった。最初はチームに分かれずに、遊びはじめた。みんなで1つのボールを追いかけること、ボールを蹴ってゴールをきめていくことが楽しい様子で汗を流しながら走りまわって遊んでいる。しばらくしてから、実習生が「じゃあ、今度は先生がキーパーになろうかな」とゴールの前に立つと、子どもたちは俄然張り切って「シュートするぞ」と楽しそうである。その後、実習生と子どもチームでおべんとうの時間になるまでサッカーを楽しんでいた。

① ボールを追いかけること、蹴ること、シュートすることが楽しい

　子どもたちはテレビで見たサッカー選手に憧れてサッカーをやりたくなったようです。サッカーは本来2チームに分かれて対戦するものですが、子どもたちは最初、対戦することよりもボールを追いかけて蹴ることや、憧れの選手のようにシュートすることが楽しい様子でした。冬だというのに汗を流すほど、走りまわって遊び、楽しそうです。実習生がキーパーになり、子どもたちと対戦することで、サッカー遊びはさらに盛り上がり、楽しさも倍増したようです。

② 対戦することの楽しさを伝え、運動の意欲を引き出す

　実習生は、子どもたちがサッカーをしたいという思いを受け止め、その思いを実現できるようかかわることができました。「サッカーだったら、広いところでやらなきゃね。どこがいいかなあ」と子どもとともに場所を考えたり、「これでゴールができないかな？」とサッカーゴールをつくる方法を助言したりしています。また、サッカーボールは子どもとともにつくりました。実習生がすべて整えてしまうのでなく、子どもが自分たちで実現していくことを大切にしたかかわりは素晴らしいものです。

　サッカー遊びの援助では、きまったルールを子どもたちに押しつけるのではなく、みんなで1つのボールを追いかけること、ボールを蹴ってゴールをきめていくことを楽しんでいる子どもたちの姿を大事にしながら、子どもたちがやりたいと思っている運動遊びができるよう見守っています。そしてしばらくしたところで、実習生がキーパーになり、対戦する遊びへと展開していきました。対戦することで、よりいっそうボールを追いかけること、蹴ること、シュートすることの楽しさが増したようです。子どもが体を動かして遊ぶことを心から楽しめるかかわりとなったといえます。

　この時期の子どもたちは、集団で体を動かし遊ぶことを楽しむようになります。子どもたちの思いをとらえながら、簡単なルールのもと、友達と体を動かして遊ぶ楽しさを味わえるよう援助することが大切です。

▶▶▶ CHECK POINT
- 子どもたちとともに運動遊びができる環境をつくっていく
- 子どもが楽しみたい運動遊びを大切にかかわる
- 対戦することの楽しさを味わえるようにする
- 子どもがもっと運動したくなるようなかかわりを大切にする

運動遊び

5歳児 5月

　全身運動がなめらかになり、全力で走ったり、跳躍するなど、快活に動きまわって遊ぶようになります。いろいろなことができるようになるなかで、物事に自信をもって取り組むようになり、意欲も旺盛になります。目標をもってさまざまな運動に自ら挑戦しようとする姿も見られるようになるので、がんばって取り組んでいる姿を認め、達成感を味わったり、自信につながる経験になるよう援助していくことが大切になります。

事例　「私は10回跳ぶ」

5月　5歳児　3人
ヒトミ／マリエ／ヒカリ 他

　「大縄、まわして」とヒトミたちが実習生に縄をまわしてくれるよう頼みにきた。実習生はすぐに「いいよ」と応じて、ヒトミたちと園庭に出る。ヒトミは、「ここに縄を結んで、まわして」と言う。実習生が縄をもつと、子どもたちは縄の前に並んで、「私は10回跳ぶ」とヒトミ。「私は5回」、「おれは20回だ！」と子どもたちは自分が挑戦する回数を口々に言い合っている。はじめにヒトミがまわしている縄にタイミングよく入って跳びはじめた。他の子どもたちは、「いち、に、さん……」と跳ぶタイミングに合わせて数を数える。実習生は、「上手だね。がんばれ」と声をかけた。しかし、8回目でひっかかってしまった。ヒトミは残念そうに「もう少しだったのに」と言うが、最後尾に並んでもう1回挑戦しようとやる気まんまんである。次にマリエが「最初はまわさないで」と実習生に言って縄の横に立った。実習生はマリエに「いくよ、はい」と縄を跳ぶタイミングの合図をして縄をまわした。マリエは実習生のかけ声に合わせて上手に縄を跳びはじめた。目標の5回まで跳ぶと「やったぁ！」とうれしそうに声を上げる。他の子どもたちも「やったね」喜んでいる。子どもたちはそれぞれ自分の目標を立て縄跳びを楽しんでいる。実習生は「やったね」「がんばれ」「もう少し」などと子どもたちの気持ちに共感しながら声をかけていた。
　このようななか、上手に跳べないヒカリは、大縄跳びに1回は挑戦したもののすぐにひっかかってしまい、「やーめた」と走って行ってしまった。しかし、しばらくすると、戻ってきて大縄跳びの様子をそばで見つめている。実習生は「もう1回やってみる？　がんばればできるようになるよ」と声をかけたが、ヒカリは「いい！」と言ってまた去ってしまった。

① 自分のきめた目標に向かって挑戦することが楽しい

　子どもたちは大縄を跳ぶことを楽しんでいますが、一人ひとり跳ぶ回数をきめてその目標に挑戦することに熱心になっているようです。自分がきめた目標に向かって挑戦すること自体が楽しく、またその目標を達成できたときの喜びも味わっています。達成できた喜びは友達と共感することでいっそう大きなものにもなっているようです。

　一方、ヒカリは思うように大縄を跳ぶことができなくて、意欲をなくしてしまったのかもしれません。しかし、再び戻ってきて大縄跳びの様子を見つめていることから、大縄を跳びたいという思いももっているようです。上手に跳べている友達のなかで気おくれしているのかもしれません。

② 一人ひとりの状況に合わせて跳びやすいように縄をまわす

　実習生は子ども一人ひとりの状況に合わせて、子どもたちが跳びやすいように、縄のまわし方を変えたり、かけ声をかけて跳ぶタイミングを知らせたりしています。こうしたかかわりにより、子どもたちは大縄跳びを楽しむことができました。また、「やったね」「がんばれ」「もう少し」と子どもに合わせて、共感したり、励ましたりするかかわりは、子どもの挑戦しようという意欲をさらに高めるものとなるでしょう。

　しかし、ヒカリは大縄を跳びたいという気持ちがありながら、意欲を持続し挑戦することができませんでした。実習生は「がんばればできるようになるよ」と励ましてみましたが、ヒカリはその場を去ってしまいます。ヒカリにどのようなかかわりが必要だったのでしょうか。もし、上手に跳べる子どもたちのなかで気おくれしているようなら、後でヒカリが安心してできるような環境を用意してあげるとよいでしょう。ヒカリと同じようにまだ上手に跳べない子どもたちと一緒に遊べるようにしてあげると遊びに参加しやすくなります。また、一緒に跳んで見せたり、跳ぶコツを具体的に助言したりするといいでしょう。

　この時期はむずかしいことにも挑戦してみようという意欲が強くなります。そのような子どもの意欲を大切にしながらかかわることが重要です。

> **CHECK POINT**
> ● 子ども一人ひとりの状況に合わせて運動しやすいようかかわる
> ● 共感したり、励ましたりしながら、挑戦しようという意欲が高まるようにする
> ● 子どもが意欲を発揮できるような環境を用意する

Column　ボール遊びを楽しもう

　転がしたり、投げたり、蹴ったり、運んだり、子どもたちはボールを使っていろいろな遊びを楽しみます。子どもたちの大好きなボールで遊んでみましょう。

ボール転がし①

　ペットボトルや牛乳パックを的にして、離れたところからボールを転がして遊びます。ペットボトルや牛乳パックには絵や模様をつけると楽しくなります。的の数は最初は少しにして、上手になったら少しずつ増やしていくとよいでしょう。

ボール転がし②

　空き箱等でボールが通るくらいのトンネルをつくります。トンネルの向こうとこちらで、ボールを転がし合って遊びます。うまくトンネルのなかをボールが通るように転がします。

転がしドッチボール

　園庭やホールなどの広い場所に、円や四角を描きます。そのなかに子どもたちが入り、保育者は外側から子どもたちめがけてボールを転がします。子どもたちはボールに当たらないように逃げます。ボールに当たった子どもは、外に出て今度はなかの子どもたちめがけてボールを転がし当てる役になります。

ボール運び

　2人組になります。ボールをお腹とお腹ではさみ、用意したかごのなかまで運びます。慣れてきたら、2チームに分かれて、リレーにし競争しても楽しいです。このほか、背中と背中でボールをはさんで運んだり、2本の棒の間にボールを乗せて運だり、いろいろな運び方を楽しみましょう。

ボール飛ばし

　いらなくなったテーブルクロスや風呂敷等、大きな布を用意します。4人で布の4隅をもち、布の上にはゴムボールを乗せます。布を上下に動かし、「いちにのさん」でボールを飛ばして遊びます。ボールをたくさん乗せると、たくさんのボールが飛んでいきます。飛んでいくボールをみんなで追いかけ拾って遊びます。

Practice
実践 9

固定遊具

　乳幼児期の子どもたちは体を動かして遊ぶことが大好きです。固定遊具には、体のさまざまな動きを楽しませてくれるものが多くあり、子どもたちの「体を動かしたい」という欲求を満足させてくれます。

　固定遊具といっても、すべり台、ブランコ、ジャングルジム、うんてい、鉄棒など、さまざまな種類があります。そして、それぞれの遊具にはそれぞれの魅力があります。すべり台の魅力は、なんといっても高いところからすべり降りる爽快感でしょう。しかし、それ以外にも、階段を登ること、またすべり台の斜面をのぼったり、何かを転がしたりすることも子どもにとっては楽しい遊びです。

　ブランコの魅力は、思いきり漕いで体が宙に投げ出される解放感を味わったり、ゆったりと揺れるリズムに体を任せて心地よさを感じたりするところにあるでしょう。また、前後に揺れるだけでなく左右の揺れを楽しんだり、鎖をねじって回転を楽しんだり、子どもたちはさまざまに工夫して遊びます。

　ジャングルジムやうんてい、鉄棒にも、よじ登ること、ぶら下がることなどの動きを楽しめるといった魅力があるでしょう。また、ジャングルジムやうんていは、高いところから眺めるスリルや爽快感もあります。

　このほか、固定遊具にはさまざまな種類があり、それぞれの魅力を子どもたちが見つけて工夫して遊ぶのです。

固定遊具　援助のポイント！

固定遊具の安全に留意し管理する

　固定遊具で楽しく遊ぶためには、安全管理が欠かせない。固定遊具は園庭で雨や風にさらされているので、錆びたり、朽ちたりしていないかを毎日チェックすることが大切である。とくに地面に固定している部分は見えにくいので、注意するとともに定期的に専門業者に依頼して点検することも必要になる。また、固定遊具の下に石や危険なものが落ちていないかを確認して取り除いたり、雨が降った後にはぬれた箇所がすべりやすくなるので雑巾で拭いたりすることも大切である。

安全な使い方のルールを確認する

　固定遊具は誤った使い方をすると大変危険な遊具になる。固定遊具の安全な使い方は、園の物的、人的環境や子どもの状況等の条件により異なるものであるが、多くの場合それぞれの園で安全な使い方のためのルールがあるので、そうしたルールを確認しておくことが大切である。

子どもが考えた遊び方を大切にする

　すべり台は「すべるもの」、ブランコは「乗って揺らして遊ぶもの」といった型どおりの遊び方だけでなく、子どもは自由な発想で柔軟にさまざまなかかわり方をする。危険でない限り、そうした子どもの考えた遊び方を大切にかかわることが子どもの充実した遊びの援助につながるものである。

見立てて遊ぶ楽しさを大切にする

　固定遊具は、のぼったり、ぶら下がったりなど、子どもの「運動したい」という思いを満足させてくれる。しかし、固定遊具は運動遊びに限られたものではない。子どもたちは、それぞれのイメージを豊かにふくらませ、ジャングルジムやすべり台、ブランコなどを乗り物あるいは基地や家などの建物に見立てて遊ぶことを楽しむ。こうした見立てて遊ぶ楽しさを大切にした援助を心がけたい。

挑戦してみようという意欲を大切にする

　運動機能が著しく発達していく乳幼児期の子どもは、固定遊具での遊びを通してさまざまな動きを経験し、できなかったことができるようになっていく喜びを味わう。「ジャングルジムのてっぺんまで登ってみたい」、「鉄棒の前まわりができるようになりたい」、「うんていの端までぶら下がって渡りたい」と、それぞれの運動発達の状況に合わせて子どもたちは挑戦していく。こうした一人ひとりの挑戦してみようという意欲を大切にしながら、励ましたり、ときに手を貸したり、できるようになった喜びを共感したりしてかかわることが必要である。

安心して楽しく遊べる援助を心がける

　ジャングルジムやすべり台、うんていなど、高さのある固定遊具に子どもたちは楽しさとともに恐さも感じている。一緒に登る、降りる、すべるだけではなく、下で待機して支える、安全を見守るといった子どもが安心して楽しく遊べる援助も大切になる。

Q&A 実習でこんな場面に出会ったらどうかかわる？

Q すべり台の上のけんかはすぐに止めたほうがいいの？

すべり台の上でけんかがはじまりました。すぐに止めたほうがいいですか。

A すべり台の上で危ない状況が見られるときには、すぐに止めなくてはなりません。しかし、そのけんかがすぐに止めなくてはならないような状況なのかをよく見てみましょう。

言い合いだけであれば、すぐに止めに入らなくてもよいでしょう。しばらく近くで様子を見て、自分たちで解決するようであれば見守るだけで十分です。自分たちだけで解決がむずかしそうなときや、なかなか解決できずにうしろに並んでいる子どもたちにも影響があるような場合には、すべり台から子どもを降ろして対応します。

手が出てしまうようなけんかのときには、危ないのですぐに止めましょう。押し合ったりするようなことがあるととても危険です。すべり台の上では危ないということを子どもに伝え、すべり台から降ろして冷静にさせて、けんかの続きができるようにするとよいでしょう。その際、必要に応じて、話を聞いたり、子どもの思いを代弁したり、解決の方法を一緒に考えるなどして対応します。子どもが納得のいく解決ができてからすべり台の遊びが再開できるようにしましょう。

Q 1歳児のブランコの援助は？

1歳児がブランコに乗りたがっています。どのように援助したらよいですか。

A ブランコは、子どもが座って足が地面につく低いものがよいでしょう。子どもの足が地面につかないものは、揺れるブランコの上でバランスをとることがまだむずかしい1歳児にとっては危ないときがあります。鎖をしっかりと握らせ、万が一うしろに倒れても大丈夫なように背中のあたりに手を当てて支えられるようにしましょう。子どもの運動機能の発達は同じ1歳児でも月齢差や個人差が大きいので、腕の力やバランスをとる力、体を揺れのリズムに合わせる力など、子ども一人ひとりの様子をよく見て必要に応じて援助します。

Q ジャングルジムでの遊びの留意点は？

3歳児たちがジャングルジムで遊びはじめました。担任保育者に「危なくないように見ていてください」と言われましたが、どのようなことに注意したらよいですか。

A 同じ3歳児でも一人ひとりの発達や経験によって、子どもたちの状態も異なり、注意することも変わるため、担任保育者に確認をすることが大切です。基本的には、子どもの傍から離れず、何かあったときにはすぐに手を差し伸べられるようにしておきましょう。とくに手足のおぼつかない子どもがいる場合には、その子どものお尻のあたりに手を添えて、落ちそうなときにはすぐに支えられるようにしておきます。また、登れても下りられない子どももいるので、注意して見てあげましょう。

固定遊具

低年齢児 0〜2歳

　この時期の子どもは、首がすわり、寝返り、腹ばい、座る、はう、立つ、歩く、走る、登る、降りる、跳ぶなどの動きが可能となります。子どもたちは、固定遊具を通して、そうした動きを楽しむようになっていきます。安全に十分配慮された環境のもとで、子どもたちはそれぞれの運動発達に合わせて、すべり台を登ること、すべること、ブランコに乗ること、揺れることなどを楽しみながら、さらに運動機能を発達させていくのです。

事例　「すべりたいけど、すべれない」

9月　1歳児　3人
ユウダイ／マナミ／アイ

　園庭に出ると、ユウダイはすべり台のところまで実習生の手を引いてきて、「これやりたい」というように実習生の顔を振り返る。実習生は、手すりにつかまり一段一段ゆっくりと登っていくユウダイのうしろを支えるように手をあてて「よいしょ、よいしょ」と声をかける。マナミとアイもその後につづき、実習生の「よいしょ、よいしょ」というかけ声に楽しそうに声を合わせ、すべり台を登っていく。ユウダイがすべり台の上までくると、実習生は階段と斜面の両方に手の届く位置に立ち、ユウダイに「シュー」と声を掛け、楽しくすべることができるように促している。

　ユウダイ、マナミが実習生の声に合わせすべり台をすべり、次はアイの順番になった。アイは、すべり台の上に座り、手すりにしっかりとつかまったまますべり台の下のほうを見つめている。実習生は、同じように「アイちゃん、シュー」と声をかけるが、実習生の顔とすべり台の下を交互に見つめるだけである。しばらくこのやりとりが続いていたが、うしろに並んでいたユウダイが待ちきれなくなり、アイの前に出ようとする。実習生はユウダイに「ちょっとまってね。アイちゃんがすべるから」と声をかけ、アイに「どうする？　先にユウダイくんすべってもいい？」と確認した。アイはだまってユウダイのうしろに下がり、ユウダイが先にすべる。その後、アイは再びすべり台の上に座るが、なかなかすべりだせずにいる。実習生は、根気強く「大丈夫だよ」「シュー」などと笑顔で声をかけたり、手を差し伸べたりして促すが、アイは実習生の顔とすべり台の下を交互に見つめ座ったまま動かない。このやりとりがしばらく続き、すべり台の下のほうから、担任保育者が「アイちゃん、おいで。シュー」と声をかけると、アイはようやく保育者のほうを向いてすべり、保育者に迎え入れられ満足そうな笑顔を浮かべた。

　アイは1度すべって満足したのか別の遊びに行ってしまったが、ユウダイ、マナミは実習生のもとで何度もくり返しすべり台に登ってはすべることを楽しんでいた。

① 登ることもすべることも楽しい

　大人に見守られているという安心感のもとで、ユウダイ、マナミ、アイはすべり台で遊びはじめました。3人はすべることだけでなく、自分の脚ですべり台の階段を登ることも楽しんでいるようです。実習生の「よいしょ」という動きに合わせたかけ声は、さらにその動きを楽しいものとしています。ユウダイとマナミがすべり台に登りすべることを何度もくり返していることから、その楽しさが伝わってきます。

② 子ども一人ひとりが安心してすべることができるような援助

　実習生は、すべり台の傍から最後まで離れず、安全を確保して楽しく遊べるよう援助することができていました。階段と斜面の両方に手の届く位置に立ち、階段では落ちないようにうしろに手を添えたり、すべるときには傍で声をかけることで、子どもたちは安心して遊べたのだと思います。階段を登るときには「よいしょ、よいしょ」というかけ声をかけたり、すべるときには「シュー」と声をかけることで、楽しさも増しているようです。

　一方、アイはなかなかすべり出すことができませんでした。実習生は根気強く、そしてやさしくアイにかかわっていたことは大変よかったと思います。最後は、すべり台の下から担任保育者に声をかけてもらいすべることができました。すべり台の上の位置ではなく、下の位置で迎え入れるように待っていたほうがアイにとって安心であったのかもしれません。また、いつもかかわってくれている担任保育者の顔を見て安心したのかもしれません。まだかかわりの少ない実習生では十分な安心が得られないことはありますが、すべり台の上の位置から声をかけるだけでなく、すべり台の下から呼んでみたり、場合によっては一緒にすべることもできます。

　小さな子どもにとってはすべり台をすべることは勇気のいることです。勇気のいることですが、「すべってみたい」という思いも同時に強くもっています。子ども一人ひとり安心の状況は異なりますから、その子どもがどのように援助すれば安心してすべることができるのか、いろいろ考え試してみることが大切です。

CHECK POINT

- 子どもが安心して固定遊具で遊ぶことができるようそばで見守る
- 子どもが楽しく遊べるよう安全を確保する
- すべることだけでなく、登ることも楽しめるようにする
- 子ども一人ひとりが安心してすべることができる援助を考える

固定遊具

3歳児 5月

　この時期は、自己主張が強くなりますが、少しずつ、人にゆずったり、順番を待つことなども経験するようになります。まだ自己を抑制することがむずかしいことも多いなか、保育者の援助のもと、ときにがまんすることもできるようになっていきます。ブランコは限られた個数しかなく、基本的には1人で乗るものなので、順番を待ったり、ゆずったりする機会が多くあります。子どもたちは揺れるブランコの魅力を十分に味わうなかで、こうした経験も同時にしているようです。

事例 「貸してほしいけど、貸すのはむずかしい」

5月
3歳児(5歳児)
2人(1人)

シホ
ユカ
(ミカ)

　シホはブランコを指さし「乗りたい」と訴えている。ブランコは1つも空いていない。実習生は「そうか、みんな使ってるね。貸してって、言ってみようか」と声をかける。シホは実習生の手を握りながら、思い切ってブランコに乗っていた5歳児のミカに「貸して」と言うと、ミカはブランコから降り「どうぞ」とシホにブランコをゆずった。シホは笑顔でブランコに乗りうれしそうである。シホは実習生に「こいで」と言うと、実習生はブランコを押し「これでいい？」とシホに聞く。シホは満足そうに「もっと、こいで」と言う。実習生がもっと強くブランコを押すと、シホは「わぁ！」と楽しそうである。ブランコの揺れがだんだん小さくなると、シホはまた「こいで」と実習生に頼み、くり返しこいでもらっている。
　しばらくすると、ユカがやってきて、「私もブランコに乗りたい」と実習生に訴える。今度はユカがシホに「貸して」と言うが、シホは下のほうを向いたまま、ブランコからなかなか降りようとはしない。実習生は「ユカちゃんにもブランコ貸して上げよう」と声をかけるが、それでもシホは首を縦に振らず、ブランコから離れないでいる。そこで、実習生は、「じゃあ、10数えたら交代しよう」と提案し、「いち、に、さん……」と数え終わったところで、「ユカちゃんに交代しよう」とシホに声をかける。シホはなかなかブランコから立ち上がらないでいたが、「順番に乗ろうね」と実習生はシホの手をひき、ブランコから降ろした。シホは、ブランコからしぶしぶ降りると、その場から立ち去ってしまった。

① 大きく揺れる爽快感を味わう

　すぐにブランコがうまってしまうほど、子どもたちにとってブランコはとても魅力的な遊具であるようです。シホは実習生を頼りにしながら、5歳児のミカにブランコをゆずってもらいました。ゆずってもらったブランコに乗ると、実習生にこいでもらいブランコが大きく揺れることをとても楽しんでいます。大きく揺れることで体が宙に投げ出されるような爽快感を感じているのかもしれません。また、実習生につきっきりでこいでもらうことに喜びを感じているのかもしれません。

　シホがユカにブランコを「貸して」と言われたときには、なかなか自分から貸すことができませんでした。しかし「イヤ」と言うこともなく下を向いていたのは、「貸したくない」「貸してあげようか」という葛藤をしていたのかもしれません。自分がミカから貸してもらったときのうれしい経験とも重ね合わせているのでしょう。

② ブランコを通して生じる貸し借りの経験を大切にする

　この実習生は、シホの「こいでほしい」という思いにていねいに応えることができています。しかし、シホに言われるままにブランコを押すだけでなく、「シホちゃんも、足でこいでみて。いち、に、いち、に」と、自分でこぐ楽しさも感じてもらえるような声かけをしてもよかったかもしれません。

　また、ユカにブランコを貸す場面では、シホがじっくりと考える時間をもっとつくることが必要だったと思われます。3歳児の子どもにとってゆずるということはとても大変なことです。「10数えたら交代しよう」と提案する前に、「どうしようか」と投げかけ、シホの葛藤につきあうことが必要だったのではないでしょうか。

　ブランコの揺れを子どもが心から楽しみ満足するようそばで見守ったり、こいであげたりする援助も重要です。順番をまったり、貸し借りの経験も大切にしながらかかわっていきましょう。

> **CHECK POINT**
> - ブランコの揺れる爽快感を味わえるようにする
> - ブランコを通してゆずってもらう喜びを味わえるようにする
> - 貸し借りの葛藤につきあう

4歳児 2月　固定遊具

　ジャングルジムなどの固定遊具は、登ったり、ぶら下がったりして遊ぶだけでなく、乗り物や建物に見立ててイメージの世界のなかで遊ぶことも楽しい遊具です。想像力が豊かになり、友達と想像の世界で遊ぶことを楽しむようになる4歳児期の子どもは、固定遊具を使って友達とごっこ遊びを楽しみます。室内でのごっこ遊びとは異なり、広い空間と高低差を活用してそのイメージもダイナミックになっていくのです。

事例　「海賊船に乗って、宝物を探しに行こう」

2月　4歳児　5人
マサトシ　ユウヤ　カイ　他2人

　マサトシ、ユウヤ、カイ、ダイキ、シュウヘイがジャングルジムの上に登って遊んでいる。腰には広告紙を丸めてつくった剣がささり、何かになりきっている様子であった。実習生は、「楽しそうね。私もジャングルジムに乗っていいかしら？」と声をかけると、子どもたちは「いいよ」「ジャングルジムじゃなくて、海賊船だよ」「そこは、海だから早く船に乗って」「宝物探しにいくんだよ」「悪者をやっつけるんだ」と口ぐちに説明してくれる。先週、担任保育者に読んでもらった絵本の話から、子どもたちはそれぞれにイメージをふくらませ、海賊になりきって遊んでいる様子である。
　実習生は「海！　それは大変。サメがきたら食べられちゃう。船に一緒に乗せてください」と子どもたちのなかに入っていく。子どもたちも実習生を自然に受け入れ、「これが、宝物の地図だよ」、「宝物探しに行く途中で、悪者がいるかもしれないから。剣がなくちゃ」とそれぞれがイメージしたことを楽しそうに実習生に教えてくれる。実習生は、「宝物探し、おもしろそう。でも剣がなくちゃね」とさっそく保育室に戻り、剣をつくって腰にさして戻ってくる。実習生はさらに、トイレットペーパーの芯でつくった双眼鏡も首にかけている。マサトシがすぐそれに気づき、「これなに？」と聞くと、実習生は「双眼鏡よ。遠くが見えるの。宝物のある島を見つけようと思ってつくってきたの。見えるかな」と双眼鏡をのぞく。そして、マサトシは「見せて」と双眼鏡をのぞくと、「ほんとだ。よく見える」とうれしそうである。カイは「おれもほしい」と言うので、実習生が一緒に保育室に戻り双眼鏡をつくって戻ってくる。カイは双眼鏡をのぞくと、「あっ、あそこに悪者がいる」と言う。それに応えて、「やっつけに行くぞ」と張り切るダイキ。その後、他の子どもたちも双眼鏡をつくり、ジャングルジムの上から眺めて、「宝物の島だ」と海賊ごっこのイメージをふくらませしばらくの間遊んでいた。

① ジャングルジムを海賊船に見立てイメージの世界で遊ぶ

　園内でも大きな遊具であるジャングルジムと、絵本で見た大きな海賊船のイメージが重なって、子どもたちに共通のイメージをもたらしているようです。子ども一人ひとりのもつイメージはそれぞれですが、ジャングルジムを中心として共通のイメージがもてたことで、子ども同士のかかわりをつなげています。

　また、実習生がつくった双眼鏡の登場により、子どもたちはさらにイメージを広げ、楽しい海賊ごっこが展開しています。

② 子どものイメージの世界を大切にかかわる

　この実習生のかかわりは、子どもたちの海賊ごっこのイメージを１つにし、豊かで楽しい遊びへと発展させることができました。

　実習生は、まず「楽しそうね。私もジャングルジムに乗っていいかしら？」と、子どもたちの楽しさに共感しながら、自然な形で遊びのなかに入っています。そして、「そこは、海だから早く船に乗って」「宝物探しにいくんだよ」「悪者をやっつけるんだ」という子ども一人ひとりのイメージをしっかりと受け止めています。また、「海！それは大変。サメがきたら食べられちゃう。船に一緒に乗せてください」と、一緒になって子どもたちのイメージの世界に入り楽しんでいます。こうしたかかわりが、子どもたちのイメージをさらに広げて豊かにするとともに、イメージの共有化を図って友達との結びつきを強め、遊びを展開することができたといえます。

　また、実習生は子どもたちの「宝物探しに行く」というイメージから、双眼鏡をつくってもってきました。双眼鏡の存在は、子どもたちの遊びをさらに楽しいものにしたようです。ジャングルジムの高いところから遠くを眺めるといったおもしろさを利用して、海賊船の上から双眼鏡で宝物の島を見つける遊びへと発展しています。

　このように子どものイメージの世界を大切にかかわることが重要です。このとき、子ども一人ひとりのイメージを言語化して友達同士で共有できるように援助したり、イメージが共有されやすいようなものを用意し提供することも大切です。

> **CHECK POINT**
> - 子どものイメージの世界を大切にかかわる
> - 子ども一人ひとりのイメージを言語化し、つなぐ
> - イメージを共有しやすいものを用意し、提供する

5歳児 5月 　固定遊具

　この時期になると、運動機能がますます伸びて、意欲的に体を動かして遊ぶようになります。いろいろなことができるようになってくるので、鉄棒やうんていなどむずかしい固定遊具にも挑戦してみたくなります。根気強く挑戦して、できるようになっていく喜びや達成感を味わうとともに、友達を認めたり、励まし合ったりすることも経験するでしょう。

事例　「手伝って。でも自分でやりたい」

5月　5歳児　4人
カズキ　ヨシキ　ワタル　リョウ

　カズキ、ヨシキ、ワタル、リョウがうんていにぶら下がって遊んでいる。カズキは端から端まで軽々とぶら下がって渡っていくことができ、そのことを楽しんでいる様子である。ヨシキは2、3回までは進むことができるが、すぐに落ちてしまう。ワタルは、真ん中までは渡っていけるがやはり途中で落ちてしまう。リョウはまだ少しもまえに進むことができずにいるようである。

　実習生が近づいていくと、ヨシキが「手伝って」と実習生に声をかけた。実習生は「うん。いいよ」と応じ、ヨシキを抱きかかえるようにして支え、端まで渡っていくことができた。するとワタル、リョウも「ぼくも」「手伝って」と実習生にせがむ。実習生は、ヨシキと同じようにワタルとリョウも抱きかかえるようにして支え、2人は端から端まで渡ることができ、うれしそうである。リョウは「もう1回」と実習生に言うと、実習生はもう一度同じようにリョウを支えて、端から端まで渡っていく。実習生は、ヨシキとワタルに「手伝う？」と聞くと、2人は「いい」と言って、また1人でうんていにぶら下がっている。一つひとつゆっくりと渡っていき、途中で落ちてしまうが、少しでもまえに進めたときは「ここまでできた」と、とてもうれしそうである。そんな様子に、カズキも「やったね。すごい」と友達ができるようになったことを一緒に喜んでいる。しばらくすると、リョウも1人でうんていにぶら下がり、チャレンジをはじめた。カズキは、「ここに手をやるんだよ」とリョウたちにアドバイスしたり、「がんばれ」と励ましていた。4人は手が痛くなるまでうんていで遊んでいた。

① 挑戦することが楽しい

　4人の男児は、それぞれの運動機能の発達に合わせてうんていを楽しんでいるようです。ヨシキとワタルは、カズキのように端から端までうんていにぶら下がって渡っていくことはできませんが、何度も挑戦をして少しでもできるようになることに喜びを感じているようです。1回は実習生に手伝ってもらったものの、2回目以降は断っていることから、手伝ってもらってできることよりも自分の力でできるようになることがうれしいのではないでしょうか。リョウは、まったくできないので、実習生に手伝ってもらうことで、「できた」という喜びをくり返し味わっています。しかし、ヨシキとワタルの何度も挑戦している姿から、「自分でやってみたい」という意欲がわき、1人で挑戦しています。また、そうした3人の姿を見て、カズキは友達に教えたり、応援したりすることに喜びを感じているようです。

② 自分の力でできた喜びを味わえるようにする

　実習生は、子どもたちの「手伝って」という思いに応え、ていねいにかかわることができました。しかし、どの子どもにも抱きかかえて支えながらうんていを端まで渡らせるというかかわりでした。そのようなかかわりを求めている子どももいるでしょう。しかし、子どもたちの気持ちはそれぞれ異なります。一人ひとりの気持ちに合わせてさまざまな援助を考えることが大切です。抱きかかえることが必要な場合、アドバイスが必要な場合、励ましが必要な場合など、援助にもいろいろあります。子どもとのかかわりの経験が少ない実習生には子どもの発達の状況をすべて把握してかかわることはむずかしいでしょう。しかし、子どもに直接どうしてほしいかを聞いたり、かかわりながら、その子どもが必要としている援助を考え、いろいろ試してみることが必要なのではないでしょうか。

　子どもたちはやってもらうのではなく、自分の力でできたことを喜びます。挑戦してみようという意欲を大切にしながら、がんばる姿を応援したり、できたときの喜びに心から共感するようなかかわりがとても大切なのです。

▶▶ CHECK POINT
- 挑戦する姿を応援する
- 子ども一人ひとりの発達に合わせた援助を考える
- 自分の力でできた喜びに共感する

🐰 Column　ジャングルジムの的当てゲーム

　子どもたちの大好きなジャングルジム。登ったり、降りたりすることも楽しいですが、子どもたちはさまざまに工夫して遊びます。鬼ごっこの安全基地になったり、ごっこ遊びのお家になったりもするでしょう。ジャングルジムでいつもとは違った遊びを楽しんでみましょう。

❀ 遊び方

① 的をつくります。的は、画用紙に点数や絵を書いてつくります。絵は、鬼や怪獣、おばけ等、子どもたちがヒーローになってやっつけるようなものにすると楽しいでしょう。

② つくった的をジャングルジムにつけます。ガムテープやひもなどでジャングルジムの棒につけるとよいでしょう。

③ 少し離れたところに線を引き、この線からジャングルジムの的に向かってボールを投げて遊びます。

❀ アレンジ

　暑い時期には、マヨネーズや台所洗剤等の容器を水鉄砲にして、水鉄砲で的当てゲームを楽しむこともできます。

🔊 安全への配慮

　固定遊具は子どもたちにとってとても楽しい遊具です。しかし、園内の子どものケガの理由には、固定遊具に関するものが多くあげられています。固定遊具の遊び方は、まず何よりも安全性を重視することが大切です。子どもたちはさまざまに工夫して遊びますが、その遊び方が安全かどうかをよく見極め、安全を確保した上で遊べるようにすることが大切です。

　実習ではその見極めがとてもむずかしいので、事前に保育者に安全に対する留意点を確認しておくとよいでしょう。

Practice 実践 10

ままごと

　ままごとは「飯事」と書き、食事や台所仕事を中心とした生活全般について大人のまねをする遊びです。生活のなかで見聞きしたことや経験したことを、ものを見立てて扱いながら再現して楽しみます。女の子の遊びと思われがちですが乳幼児期には男女の別なく大切な遊びです。ままごと道具を使った室内での遊びだけでなく、砂や泥・葉っぱや木の実を使ってテラスや戸外で楽しむままごと遊びもあります（p.24～「1．砂場」事例：4歳児11月、p.154「12．自然とのかかわり」事例：3歳児5月、参照）。

　はじめは保育者とのやりとりを楽しんだり1人で遊んだりしながら、しだいに友達とやりとりして子ども同士で遊ぶようになり、家族やペット（イヌやネコ）の役を演じるようになります。子どもの遊びを見ていると、火や刃物を扱う料理や買い物、赤ちゃんの世話、お化粧、お酒に酔うまねなど、日ごろ子どもが自由にできないことをままごとのなかで楽しんでいる様子が見られます。遊びはしだいに家庭からお店・レストラン・幼稚園や保育所・学校・病院など、外の世界に広がりを見せ、役割が増え、ストーリーが複雑になっていきます。

　ままごと遊びの魅力は、ものを見立てて扱う楽しさ・人とかかわる楽しさ・言葉のやりとりの楽しさ、場を見立て設定する楽しさ・大人の模倣をする楽しさ・役を演じる楽しさ・時間を短縮して遊ぶ楽しさ・架空の出来事や空想の世界に遊ぶ楽しさ、子どもが自由に遊びを変えられる楽しさがあることでしょう。

ままごと 援助のポイント！

ままごと遊びのための スペースづくり

見通しがよく広すぎるスペースでは集中して遊べないことが多い。出入り口を設け、死角にならないように気をつけ、ついたてやイスなどを利用して遊びの場を仕切るとよい。

年齢が高くなると、自分たちで考えて場の設定をするようになるので、手を出さず危険のないように見守るようにする。

落ち着いて遊べる場の確保

人の動きの多い出入り口近くや、ほかの遊びが入りやすい場所でのままごと遊びは、気が散りやすく、イメージが壊れて遊びが中断することが多い。さりげなく道具を移動したり、楽しい言葉かけをするなど、遊びに集中できる場に移動するような働きかけができるとよい。

遊びの途中で、 ものが雑然としないようにする配慮

遊びの途中でものが散乱すると遊びが発展しなくなる。子どもが使っていたり、その場にあることに意味があるものはそのままにし、さりげなくまとめたり、元の場所に戻すようにする。ものが散らばっていることに気づき、整理しようとする子どもの姿を認めることも大切である。

遊びを見守るとき、 遊びに参加し援助をするとき

夢中になって遊んでいるときや友達との会話が弾んでいるときにはしばらく遊びを見守る。楽しそうでない・何もしていない・やりとりや会話がない・ものの取り合い・トラブルが解決しないときには、ものを提供する、一緒に遊ぶ、仲介や意見調整をするなどの援助をしよう。

子どもの思いを尊重し 遊びをリードしないかかわり

実習生には子どもの思いやままごと遊びの楽しさの読み取りがむずかしいことがある。ひとり遊びの子どもに無理に誰かとかかわりをもたせようとしたり、遊びをきめつけてかかわらないようにする。遊びの様子を見て子どもの思いを尊重し、遊びをリードしすぎないように気をつけたい。

取り合い・ぶつかり合いのときの かかわり

ものや場所の取り合いや、意見の食い違いからぶつかり合いが起きたときには、発達や場面を考慮し、双方の子どもの気持ちを受け止め、相手の気持ちを言葉にして伝える。納得できないこともあるが、くり返し伝えることで気持ちの整理ができるようになる。

誤飲への注意と道具のメンテナンス

低年齢児は食べるまねをするときに、ままごと道具や具材をなめたり、口につけることがある。口のなかに入る大きさのものについては、誤飲に十分注意し、破損や汚れがないか、安全面・衛生面の定期的な点検を行い、拭く・洗うなどのメンテナンスも同時に行う。

子どもの発想の おもしろさを大切にする

非現実的なことや思いもよらない発想が子どもから出てくることがある。人を傷つけること・人に迷惑をかけること・危険なこと以外は間違いを指摘したり訂正したりしないで、子どもの発想のおもしろさを感じながらかかわるようにしたい。

Practice ── 実践10 ままごと　127

Q&A 実習でこんな場面に出会ったらどうかかわる？

Q ままごと遊びへのかかわり方は？

子どもたちのままごと遊びにできるだけ自然に参加し、遊びが発展するようなかかわりをしたいと思います。どのように入っていって、どんなことをしたらよいですか。

A

子どもの遊びをよく見て、何を何に見立て誰になっているのか、何を楽しんでいるのかを読み取り、その場に応じた言葉かけをしましょう。よくわからないときには、姿勢を低くし、笑顔で「こんにちは」とあいさつし「おいしそうなにおいがしますね」などと声をかけてみましょう。たとえば、実習生がお手玉を箱につめてお菓子に見立ててお土産にして、お客さんになってもっていくという参加の仕方もあります。

4、5歳児の遊びには「入れて」「いいよ」という手続きや、「玄関はここ」など、子どもがきめた遊びのルールがあることがあります。その場合は子どものルールに沿って遊びに加わりましょう。

Q 自己主張の強い子どもがいて遊びが続かないのですが……。

いつも自分の主張を通そうとして、友達の役や動きを指示し、思いどおりにしようとします。気に入らないと怒るので友達が離れていってしまい遊びが持続しません。どうしたらよいですか。

A

まず、どうしてそうなってしまうのか考えてみましょう。子どもに「こうしたい」という強い気持ちがある、リーダーになりたい、友達とうまくかかわることが苦手、友達の気持ちに気づくことができないなど、子どもによって違いがあり、一人ひとりの個性に応じた援助が必要です。

しばらく様子を見て、子どもの気づきを待つ援助もありますが、放っておくと、友達から遊ぶことを拒否されたり避けられたりすることもあります。実習生として何らかの援助的な働きかけをしてみましょう。

その子どもに友達と一緒に遊びたい気持ちがあれば、友達が遊びから抜けてしまうと楽しくないことを感じているはずです。子どもの自尊心を傷つけないように、今のやり方はよくないこと、友達がつまらなくなってしまうこと、友達にもしたいことがあることなどを伝えてみましょう。

低年齢児 0〜2歳　ままごと

1歳を過ぎるとままごとの食べ物を容器に入れたり出したりするようになり、大人の「どうぞ」や「ちょうだい」に応じてもののやりとりを楽しむようになります。コップをもって飲むまねをしたり、人形やぬいぐるみに飲ませたり食べさせたりする遊びもはじまり、1人で1つのことに夢中になって遊ぶ姿も見られます。友達のもっているものに興味を示したり、大人とものや言葉のやりとりをしながら、「見立て」や「ふり」「つもり」の世界を楽しむようになっていきます。

事例　「おいしいね」

7月
1〜2歳児
3人

ニイナ
ハルカ
エリ

　降園前の保育室でニイナ（1歳児）がままごと道具のコップを見つけ、その上に色水の入ったペットボトルを逆さにし、「ジューチ」（ジュース）と言って飲むまねをしている。「あー」と飲み終わった様子でコップを口から離すと実習生のほうを見た。実習生は気づかなかったが、近くにいた保育者が「ニイナちゃん、おいしかったね。なんのジュースだろうね」と声をかけるとうれしそうに「オジェンジ」（オレンジ）と答える。保育者が「オレンジジュースいいね」と言うと、今度は違うペットボトルを手に取り、同じ遊びをくり返している。
　ハルカ（2歳児）はおもちゃのほ乳びんを見つけると、人形を寝かせて口に当てた。実習生が「赤ちゃんにミルクあげてるの。おいしそうだね」と声をかけると「うん」とうなずき、実習生の口にほ乳びんを当ててきた。「おいしい」と聞くので「おいしいミルクだね」と言うと、今度はハルカがほ乳びんをくわえ「おいしいね」とほほえむ。「赤ちゃんがほしがってるよ」と言うと、「赤ちゃんミルクだよ」と人形の口にほ乳びんを当てた。
　エリ（2歳児）は「むすんで」と実習生にエプロンを差し出した。お母さんになったつもりか「ニンジンとリンゴ、どっちがいい」と聞く。実習生が「リンゴ」と言うと、フライパンのなかにリンゴを入れフライパンを前後に振ってお料理をする遊びをはじめる。実習生が「お料理じょうずね」と言うと、うれしそうにフライパンをひっくり返してお皿の上にリンゴを乗せ「どうぞ」と実習生の前に置いた。実習生が「わぁ、おいしそう。熱いかな」と聞くと、「あついよ。フーフーしてあげるね」と息を吹きかけた。「リンゴおいしいね。アップルパイみたい」と言うと「アップルパイだよ」と言った。エリは「今度はポテトね」と言いお料理の遊びを続けた。

① それぞれが違う遊びを楽しむ1・2歳児

　3人は同じ場所で遊んでいますが、それぞれがしたい遊びを楽しんでいる様子が見られます。1歳のニイナはジュースを注いで飲むまねをしています。遊びが一区切りすると実習生を見ます。声をかけてほしいサインでしょうか。2歳児のハルカはお人形を赤ちゃんに見立ててミルクをあげます。2人とも保育者や実習生とやりとりをして、また自分のしたい遊びに戻っていきました。

　2歳児のエリはエプロンをして料理をつくり、実習生と一緒に言葉ともののやりとりをして遊びます。料理をつくる場面や熱いものをさます場面など、いつも大人がしていることをよく見て再現して楽しんでいることが読み取れます。

② 見守る・一緒に遊ぶ・遊びの姿を言語化する援助

　子どもが1人で集中して遊んでいるときには、声をかけずに見守る援助が必要です。しかし、この時期の集中する時間は短く、遊びの途中や区切りがついたときには親しみのある大人のほうを見ます。ニイナも遊びの区切りに実習生を見ますが、実習生は機嫌よく遊んでいる子どもには注意を払っていなかったので、ニイナの視線に気づきませんでした。一緒に遊んでいなくてもどこで何をしているのか、子どもの遊びを見守る姿勢は大切です。子どもが応答を求めてきたときには遊びに共感したり、遊びに応じた言葉をかけるようにしたいものです。

　一方、ハルカとエリの遊びについては、楽しんでいることを読み取り遊び相手になって、遊びに応じた言葉かけができました。実習生がかかわることによってもののやりとりや会話が生まれ、見立ての幅が広がり、遊びが楽しくなったといえるでしょう。

　低年齢児の遊びは子どもから発する言葉が少ないので、子どもの遊びをよく見て、何を楽しんでいるのか理解するように努めることが大切です。1人で集中して遊んでいるときには見守り、視線を向けられたときには笑顔で応答します。一緒に遊んでいるときには遊びの姿を言葉にしたり、やりとりを楽しめるようにかかわります。子どもは動作や言葉をまねてくり返しながら、遊びのイメージを確かなものにしていきます。

> **CHECK POINT**
> - 子どもの遊びをよく見て楽しんでいることを理解する
> - 一緒に遊んでいない子どもの視線にも笑顔や言葉で応答する
> - 遊びの様子を言葉にし、ものや言葉のやりとりが楽しめるようにかかわる

3歳児 5月　ままごと

　日常生活や大人の言動を観察する力が高まり、見立てや生活の様子の再現が具体的になります。それぞれに自分の楽しみたいことがあるので並行遊びのこともありますが、友達のまねをしたり気の合う友達とかかわりながら遊ぶことを好みます。同じ役の子どもが何人もいたり、自分の性別と異なる役になって遊ぶこともあります。

　言葉の発達が進み、保育者や友達と筋の通った会話ができるようになりますが、強い自己主張やこだわりもあり、ものの取り合いなどトラブルも起きやすい時期です。

5月
3歳児
3人

事例　「1人で遊びたいの」

アイミ
カリン
リコ

　5月初旬の保育室、登園後、持ち物の片づけをすませるとアイミは実習生にエプロンをつけてもらい、台所セットの前に座ってままごと遊びをはじめた。鍋のなかに野菜を入れて蓋をして、お皿をたくさん並べてお手玉を置いていく。

　リコは実習生と手をつないでいて遊ぼうとしない。実習生はアイミに「一緒に遊ぼう」と声をかけ、リコと近くにいたカリンを誘ってままごとコーナーに座った。

　カリンはアイミがしているエプロンが気になり、棚からエプロンを出してきて実習生につけてもらい、テーブルにのっていたお皿の上のお手玉をコップに入れた。アイミは見ていたが何も言わなかった。実習生が棚からままごと道具を出している間に、コンロの上にのっていたお鍋をカリンがもとうとした。するとアイミが大きな声で「だめー」と言ってお鍋を取り上げようとした。カリンも負けずに引っ張ろうとしたがアイミに取られてしまい泣き出した。実習生は「アイミちゃん、カリンちゃんも使いたかったんだって。お友達にちょっと貸してあげようか」と言ってみたが、アイミは「だめ」と言ってお鍋を抱え込んでしまった。実習生はカリンに「こっちにもお鍋があるよ」と違うものを渡そうとしたが受け取らず、実習生の背中に顔をつけて泣いている。しばらくすると、アイミの使っているものには手を出さず、別のお鍋を使って遊びはじめた。アイミもカリンの様子を気にしながら遊びを続けているが、ときどき、アイミがカリンのすることをまねすることもあった。

　リコは実習生のそばに何もしないで立っている。実習生がリンゴやバナナをのせたまな板をリコの前に置いて「リコちゃん、これ切ってね。先生お料理つくるから」と誘ってみたが手を出そうとしない。アイミとカリンのすることをじっと見ていた。

① 3歳児のひとり遊びとものの取り合い

　実習生はリコとカリンを誘ってアイミが遊んでいるところに入っていきました。アイミが使っていたお鍋をカリンがもとうとすると、奪われてしまうと思ったのか、アイミは大きな声で拒否しました。友達の気持ちを伝えても理解できない様子です。アイミは友達と遊ぶよりも1人で好きなように遊びたかったのでしょう。一方、カリンはアイミの様子に興味をもち同じことをしたい気持ちになりました。しかし、アイミとお鍋を取り合い「だめ」と拒否されて泣いてしまいました。アイミとカリンのやりとりはまだありませんが、お互いに意識して遊びはじめたことがわかります。リコにも遊びたい気持ちがあるようですが、きっかけがつかめないのかもしれません。

② 無理に友達とのかかわりをもたせようとしない援助

　実習生はアイミが1人で遊んでいるところを見て、友達と一緒に遊んだほうが楽しいと考えました。リコが実習生の手を離さないことを気にして、友達と遊べる援助をしようと思いました。カリンも誘い3人で遊ぶ状況をつくろうとしましたが、3人には友達と遊びたい欲求がなかったため、この援助はうまくいきませんでした。

　アイミにはタイミングを見て「おいしそうね。食べてもいい」など楽しんでいることを言葉にして、実習生とのやりとりを楽しめるようにするとよかったのではないでしょうか。カリンには別のままごと道具を用意して好きなように遊ぶ場を設定することが必要だったかもしれません。リコのように遊びに入れない子どもには無理に誘い続けるのではなく、実習生がそばにいる安心感を感じられるようにしながら、ときどききっかけづくりをして自分から遊びはじめるときを待つことも大切な援助です。

　ひとり遊びは友達とかかわって遊ぶための大事なステップです。無理に友達とかかわりをもたせようとせず、満足するまで遊べるようにしましょう。

　入園間もない3歳児には、園のものはみんなで使うものという認識がありません。友達の気持ちを理解したり自分の気持ちをコントロールしてものを貸すことはむずかしいことを理解してかかわりましょう。実習生が友達の気持ちを言葉にして伝える援助も大切です。

> **CHECK POINT**
> - 自分のしたい遊びが十分楽しめるようにし、ひとり遊びを保障する
> - 実習生が一緒に遊び、人とかかわる楽しさを味わえるようにする
> - 関心がないときには、無理に友達とのかかわりをもたせようとしない

4歳児 11月 ままごと

レストランで食事をしたりお店で買い物をした体験を、より具体的に再現して遊びます。イメージする力や想像する力が高まり、友達との関係も深まるので、数人の友達とイメージを共有して遊べるようになります。保育者や実習生の思いを受け止めて遊ぶこともあり、物語や架空の話など非現実的な「うそっこ」の世界を友達と楽しむ場面も見られます。ぶつかり合いもありますが、遊びながら友達と場面や役をきめたり、ルールをつくりながら遊びを進められるようになっていきます。

事例 「オレンジジュースのプール」

11月 4歳児 4人

ヤスキ コウジ　チアキ アン

　キッチンセットのとなりにヤスキとチアキがイスを内側に向けて四角く並べている。2人はうわばきを脱いで囲いのなかに入った。コウジとアンが「いーれーて」と遊びに参加した。ヤスキが「いいよ」と応じ、うわばきを脱ぐように伝えた。
　ヤスキとコウジはオレンジ色の布を何枚かもってきて囲いのなかに広げ、ゴロゴロと転がったりお互いの体に布をかけ合ったりして遊んでいる。チアキとアンはイスの上で食べ物を切ってお皿にのせ、たくさんの料理をつくっている。
　実習生は昨日一緒に遊べなかったチアキと遊ぶ約束をしていたので、イスを乗り越え遊びに参加しようとした。するとコウジに「『入れて』って言わないとだめだよ」と言われ、「入れて」「いいよ」のやりとりをして、囲いの外からヤスキとコウジに「大きなベッドですね」と声をかけ、チアキとアンに「今日のごはんは何ですか」と聞いた。すぐにヤスキが「違うよ、ベッドじゃないよ、プールだよ」と言い、コウジが「オレンジジュースのプールなんだ」と説明した。チアキが「ここね、プールのレストランなの」と言い、アンが「プールのなかでごはんが食べられるんだよ」と実習生に伝えた。
　実習生が「ごめんね。まちがえちゃった」と言うと、チアキが「ねえ、ここお家にしようか」と提案し、ほかの3人が「いいよ」と応じて別の遊びがはじまった。実習生に「先生、おとうさんね。会社から帰ってきたら赤ちゃんと遊んでてね」と実習生の役がきめられた。実習生がなかに入ろうとすると「そこは壁だよ。入口はあっち」とヤスキがイスの切れ目を指さした。黙って入ろうとすると「『ただいま』って言わなきゃ」とチアキに教えられ、「靴を脱いでね」とアンに言われた。子どもたちはうれしそうに実習生に遊び方を教え、友達と楽しそうにやりとりをしていた。

① 共通のイメージをもって遊ぶ楽しさ

　ヤスキとチアキはイスを四角く並べてうわばきを脱いでなかに入っていて、最初から「プールをつくって遊ぼう」と思っていたようです。コウジとアンが加わりイメージがふくらんでいったのでしょうか。オレンジ色の布をオレンジジュースに見立ててプールのなかにいるつもりでふざけ合ったり、ごちそうづくりをしている様子が見られます。実習生に「オレンジジュースのプール」「プールのなかでごはんが食べられる」と説明しているので、4人が同じイメージをもって遊んでいることがわかります。

　実習生が違う解釈をしたことでプールの遊びはおうちごっこに転換し、子どもたちは実習生に遊びのきまりを1つずつ教えることを楽しみながら遊んでいるようです。

② イメージを読み取り子どもの楽しさを尊重するかかわり

　実習生は子どものイメージを崩さないように遊びに参加したいと思い、それぞれの子どもに声をかけました。子どもたちは大人には想像もつかないような非現実的な世界を想定して遊んでいたので、実習生には遊びを読み取ることができませんでした。担任保育者であれば、子どもが過去に経験した内容やそのときの遊びの様子から適切な援助ができたかもしれません。しかし、実習生には子どもの遊びのイメージを読み取ることや適切なかかわりをすることはそれほど簡単なことではありません。

　子どもの遊びが読み取れないときには状況を言葉にして伝えてみましょう。たとえば、イスを並べていたヤスキとチアキには「大きいのができるね」、囲いのなかのヤスキとコウジには「楽しそうね」、お料理をしているチアキとアンには「おいしそうね」などと声をかけてみると子どもからイメージのヒントが聞けたかもしれません。

　実習生の間違えた解釈の方向に遊びは転換しましたが、主導権は子どもが握っています。実習生は子どもの楽しさや喜びを受け入れながらかかわることができました。

　このころの子どもは架空の世界や出来事におもしろさを感じ、友達とイメージを共有して遊ぶことを喜びます。危険なこと・してはいけないこと以外は子どもの遊び方やきまりを尊重して遊びに参加し、子どもと楽しさを共有することが大切です。

> **CHECK POINT**
> ● 子どもたちが共有するイメージを読み取り、大切にしてかかわる
> ● イメージが読み取れないときには、状況を言葉にして遊びに参加する
> ● 遊びの主導権は子どもであることを理解し、楽しさや喜びを尊重してかかわる

5歳児 4月 ままごと

　家庭や園生活以外の体験を遊びのなかに取り入れ、広がりのある遊びが展開します。遊びの場も広がり、複数の遊び仲間と共通のイメージをもって場の設定をしたり、役やルールをきめて遊ぶようになります。1人で複数の役を演じ分けたり、季節や時間（朝昼夜）、行事や出来事などを設定した複雑なストーリーも見られます。リーダー的な存在の子どもの思いが強過ぎて遊びが中断したり自然消滅することもありますが、しだいに他者の気持ちを察して折り合いをつけながら遊べるようになっていきます。

事例　「ヤヨイちゃんばっかり」

4月　5歳児　8人

マサアキ　タケシ　ヤヨイ　サキ　レイ　他3人

　ヤヨイとサキとレイが誘いあってままごとの準備をはじめた。仕切りとテーブルを運びテーブルクロスを敷き、座布団と電話を置くと家らしい雰囲気ができあがった。
　スミレがやってくると「昨日の続きね」とヤヨイが言った。ヤヨイが母親、サキがお姉さん、スミレとレイは双子の赤ちゃん役である。父親役だったマサアキはブロックで遊びたい様子だが、ヤヨイに引っ張られて遊びに参加した。マサアキと遊ぶ約束をしていたタケシもついてきて「おれイヌね」とイヌ役になった。
　「じゃあ今、夜ね。急いで寝なくちゃ」とヤヨイが言い、みんなで寝ころび、ごろごろ転がったり、いびきをかくまねをしてふざけあっている。ヤヨイが「コケコッコー、もう朝よ。みんな起きて」と起き上がると他の子どもたちも起きる。ヤヨイは忙しそうに食べ物を並べ、スミレとレイにミルクを渡す。マサアキは新聞を見ながらパンを、タケシは手を使わないで食べるまねをしている。「遅刻するわよ」とヤヨイが言うと、「いってきまーす」とサキは学校へ、マサアキは会社へ、タケシもワンワン言いながら出て行った。レイとスミレはバブバブ言いながらハイハイであちこち動きまわっている。「レイちゃん、スミレちゃん、赤ちゃんは外に行ったらだめ」とヤヨイが2人を呼び戻す。
　ヤヨイに「先生、お土産をもってお客さんにきて」と言われた実習生は、一緒に遊んでいたアカリとユウコを誘ってお手玉をもって「こんにちは」と遊びに参加した。
　サキは出て行った先でビーズ遊びをしている。マサアキとタケシは「仕事、仕事」と言いながらブロックで遊んでいる。ヤヨイが「もう夜だから帰ってきて」と3人に声をかけるとサキが「やーめた」と言う。実習生が「どうしたの」と聞くと「だってヤヨイちゃんばっかりなんだもん」と口をとがらせた。マサアキとタケシも「おれも」と言い出した。スミレとレイもどこかへいってしまった。

① ひとりよがりのリーダーシップ

　友達と協力して遊びの環境を設定し、ヤヨイのリードで昨日と同じ役割の遊びがはじまりました。朝昼夜を設定して、それぞれの役を演じています。みんなで床に寝ころびふざけあって、楽しい雰囲気で遊びがはじまりましたが、ヤヨイがほかの子どもたちの動きを指示している様子が読み取れます。ヤヨイの思いが強過ぎてほかの子どもたちは自分のしたいことができず、楽しくなくなっていったようです。ヤヨイは実習生にお客さんになってお土産をもって遊びに参加することを要求し、友達を呼び戻そうとしますが、子どもたちの気持ちはブロックやビーズ遊びなどほかの遊びに移ってしまっていて、遊びが再開することはありませんでした。

② 遊びに変化をつけるかかわりと友達の思いに気づける援助

　昨日の遊びの続きをすることがわかり、子どもたちがいきいきと遊びの場をつくっているので、実習生は他の子どもたちと違う遊びをしながら、近くで様子を見ることにしました。実習生は昨日の様子からヤヨイがやや強引なリーダーシップをとっていることはわかっていましたが、どうしたらいいのかわからないまま遊びが進んでいきました。ヤヨイから実習生に遊びにきてほしいという要求があり、ほかの子どもたちと遊びに参加しますが、遊びを修復することはできませんでした。

　実習生は、子どもたちが相談して自分たちで遊びをつくりあげているときに遊びを妨げたり中断してはいけないと思い、タイミングを逃してしまったようです。もう少し早く遊びに加わり、サキ・スミレ・レイのしたいことができるような雰囲気をつくり、さりげなくヤヨイの指示をやわらげたり、ヤヨイに友達の思いがわかるようにかかわることができれば遊びは違う展開になっていたかもしれません。

　強いリーダーシップをとる子どもがいるときには、実習生が遊びに入り遊びが楽しくなるような変化をつけながら、他の子どもたちの思いをくみ取り、なるべく自然にその思いが実現できるようにしたいものです。また、リーダーシップをとる子どもにさりげなく友達の思いや気持ちを伝えるようなかかわりができるとよいでしょう。

> ▶▶ CHECK POINT
> - 自分たちの力で遊びをつくりあげていく姿を大切にする
> - 一人ひとりの思いが遊びのなかで実現できているのか考えながらかかわる
> - 友達の思いや気持ちも大切にしながら遊べるようにかかわる

> ### 🐰 Column　子どものままごと遊びに見られる「ふり」
>
> 　遊びのなかの実習生の言動は子どものお手本になったり、遊びを広げるきっかけになることがあります。生活中のさまざまな「ふり」ができるようにしておきましょう。
> - 飲食の動作：（味の表現をしながら）飲む、手やスプーン・フォーク・箸を使って食べる
> - 調理の動作：包丁やナイフで切る、皮をむく、鍋やボールに食材を入れてかき混ぜる、コンロにのせて焼く・炒める・煮る・揚げるなど、味付け、盛りつけ、飲み物を注ぐ、配膳、食器や食材を洗う、食器を拭く、など
> - 生活に関する動作：買い物（注文、支払い、品物を受け取るなど）、洗濯、アイロンがけ、掃除（掃除機をかける、雑巾がけ、ほうきで掃く、はたきをかけるなど）など
> - 世話をする動作：だっこ・おんぶ、ミルクを飲ませる、食事をさせる、おむつ交換、着替え、お風呂に入れる、寝かしつけ、散歩、薬を飲ませる・薬をつける、など
> - 生活動作・その他：寝る、起きる、顔を洗う、歯を磨く、化粧、ヒゲ剃り、着替え、食事、入浴、新聞を読む、飲酒をして酔っぱらう、テレビを見る、電話、通園・通学、仕事に行く、乗り物（自動車・電車・バスなど）に乗る、外出（買い物・レストラン・病院など）、レジャー（海・山・水族館・動物園・キャンプなど）、ほか

> ### 🐰 Column　ままごと道具
>
> 　子どもは道具がなくても身近なものを利用して見立て遊びを楽しみますが、さまざまな道具があれば、生活を再現する遊びがさらに広がります。たとえば、ほうきがあれば子どもは遊びのなかで掃除をするでしょう。流し台に洗剤とスポンジがあれば洗いものをするでしょう。
> 　ままごと道具の材質にはプラスチック・木・布・ステンレス・ホーローなどがあります。子どもの年齢・発達や楽しむ遊びの内容を考え、子どもが扱いやすい大きさの道具を適当な数そろえましょう。あるいは子どもと一緒に用意したりつくるのもよいでしょう。
>
> ❋ **ままごと遊びに使われる道具・おもちゃ**
> - 食器類：コップ、カップ、皿、器、茶碗、お椀、弁当箱、スプーン、フォーク、箸など
> - 調理道具・器具：鍋、フライパン、ボール、ざる、やかん、ポット、まな板、包丁、フライ返し、泡立て器、おたま、しゃもじなど
> - 食材：野菜、果物、魚、肉、タマゴ、乳製品、調味料など
>   具材に見立てられるもの：お手玉、おはじき、ビーズ、木片、積み木、ブロック、毛糸、紙、木の実、葉っぱ、草花、貝殻など
> - 調理機器・家具など：流し台、ガス台、冷蔵庫、電子レンジ、棚、タンスなど
> - 世話遊びに必要なもの：人形、ぬいぐるみ、おぶいひも、ほ乳びん、ベビーカー、布団、ベッド、ブラシ・くし、着替用の服など
> - その他の小道具：エプロン、三角巾、ミトン、帽子、洋服、化粧道具、カバン、時計、電話、お金、おさいふ、買い物バッグ、洗剤（空き容器）、スポンジ、ふきん、ほうき、ちりとり、モップ、掃除機、（散歩用）イヌのぬいぐるみ、リボンなど
> - 場の設定に利用するもの：カーペットやゴザ、テーブル、イス、仕切りなど

Practice

実践 11

水遊び

　水遊びは子どもにとって大変魅力的な楽しい遊びです。気温が高くなり暑い季節が来ると、幼稚園や保育所では、バケツや小さいプールでの水遊びや本格的なプール遊びのほかに、シャボン玉、泡遊び、色水遊び、染色遊び、水鉄砲、水まき、地面にお絵描き、ホースのトンネルくぐり、魚釣り、洗濯ごっこなど、さまざまな水遊びが見られます。園では家庭ではなかなか経験できない大胆な遊び方ができるので、子どもは歓声を上げ、解放感や高揚感を味わいながら水遊びを楽しみ、水に親しみながら水の性質を知っていきます。

　水遊びの魅力は暑さのなかのひんやりとした気持ちよさにあります。また、水にはきまった形がなく流動的でとらえにくい反面、自由自在に容器に入れたり出したりすることができ、容器によって形が変わり、簡単に色がつきます。水は凍らせると氷になり、沸騰させると水蒸気になるなど、子どもにとって不思議で魅力的な素材です。いつでも容易に手に入り子どもに扱いやすく、自由に好きなように遊べることも水遊びの魅力といえるでしょう。

　反面、一歩間違えると生命にかかわる事故になるので、安全対策をし十分に注意するとともに、子どもに注意を呼びかけることも大切です。水にぬれることを嫌がる子どもがいることも忘れてはなりません。また、水は生活に必要不可欠な大切なものであることを子どもに知らせていくことも大切な援助です。

水遊び 援助のポイント！

楽しい水遊びのためのかかわり

　子どもが楽しく遊べるように子どもの目の高さになり、笑顔で一緒に楽しそうに遊ぶようにする。危険なこと・他者に迷惑をかけること・友達が嫌がること以外は注意したり抑制したりせず、子どもが楽しんでいることを認め、水の感触を十分に楽しめるようにしたい。

興奮をしずめるかかわり

　水のなかに入ると解放感を感じて興奮して大騒ぎになることがある。度が過ぎると、友達とぶつかったり、すべってアクシデントになることがある。うれしい気持ちを大切にしながら、容器を使った遊びや魚釣りなど動きの小さな遊びを提案し、興奮をしずめるかかわりも必要である。

水遊びの環境構成と配慮

　天気のよい気温の高い日を選び、ぬれてもよい日の当たる場所に遊びの場を設定する。遊ぶときには強い直射日光を避けるために、日よけをするなどの配慮が必要である。水遊びの水は水温が上がるように当日の朝一番に用意し、お湯を足すなどして適温に調整する。

誤飲への注意

　色水はおいしそうに見えて飲んでしまうことがある。また、シャボン玉遊びでは誤ってストローで液を吸ってしまうことがある。年齢や発達を考え、その時期にふさわしい遊びを提供することが大切である。異年齢児が一緒に遊ぶときには、子どもから目を離さず十分に気を配る。

プール遊びの前の準備と配慮

　気温と水温を確かめ、感染症予防のためにプールには塩素を入れる（真水のところもある）。
　事前にかならずトイレに行き排泄をすませ、お尻を消毒液につけたり、石けんできれいにする。
　かならず準備体操をして体を温め、シャワーを浴びてからプールに入るようにする。

事故への注意と配慮

　子どもはほんのわずかの水でもおぼれることがある。子どもの発達に合わせて水位に配慮し、水遊びをしている間は子どもから目を離さない。
　水でぬれてすべりやすくなるところはないか確認し、子どもに注意を呼びかけるとともに、すべり止めを敷くなど転倒防止の配慮も必要である。

冷えと日焼けへの注意

　水にふれる時間が長過ぎると手足や体が冷える。子どもの様子を見ながら衣服やタオルで保温したり、時間を見て遊びを切り上げる。
　肌の弱い子どもには日よけ用の帽子やTシャツの着用などを呼びかけ、日陰をつくる・木陰を利用するなど遊びの場にも配慮する。

水遊びの後に大切にすること

　うがい・手洗いをきちんとして、できるだけ早く着替える。体がぬれたり汚れたりしたときには、シャワーなどで体を清潔にする。体を拭く際には、感染症予防のため同じタオルを使わないように気をつける。水遊びのあとは体力消耗を考慮して休息や静かな遊びをする。

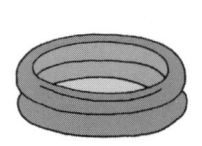

Q&A 実習でこんな場面に出会ったらどうかかわる？

Q　水遊びが苦手な子どもへのかかわり方を教えてください。

担任保育者から、水遊びを嫌がる子ども、苦手な子どもがいると聞きました。どのようにかかわればよいか、どのような配慮が必要なのか教えてください。

A　服がぬれるのを嫌がる子ども、顔や体に水がかかるのを嫌がる子ども、裸になるのを嫌がる子ども、水に対する恐怖感をもっている子どもなど、水遊びをしたがらない子どもがいます。苦手意識を取り除きたい、一緒に遊べるようにしたいと思うあまり、子どもを遊びに誘いたくなりますが、強い誘いは逆効果です。

保育者や実習生が友達と楽しそうに遊んでいるところを、遠くから見えるようにしましょう。興味をもつとしだいに見ている時間が長くなり、距離が近づいてきます。楽しかった話を聞けるようにすることも効果があるかもしれません。遊んでみようという姿勢が見えたら、一度に無理をせず、手だけで遊ぶ、裸足になって遊ぶ、抱かれて水に入る、浅い水に入る、保育者と一対一で遊ぶなど、段階を追って少しずつ水の気持ちよさや楽しさが伝わるように遊んでいきます。

Q　水遊びができない子どもについて教えてください。

担任保育者から、健康上の理由などで水遊びができない子どもがいると聞きました。どのような理由で水遊びができないのですか。また、保育のなかで、水遊びができない子どもはどうしているのですか、実習生としてどのようにかかわればよいか教えてください。

A　水遊びについてはとくに家庭との連絡・連携が重要です。風邪をひいている、熱・咳・鼻水・下痢・腹痛・目が赤いなどの症状がある、ケガや傷がある、医師から止められている疾患や症状（咽頭炎、扁桃腺炎、中耳炎・外耳炎、結膜炎、アトピー性皮膚炎、湿疹、とびひ、みずいぼ、他）がある場合にはプールや体をぬらすような水遊びはできません。ほかに、元気がない、機嫌が悪い、食欲がない、寝不足など子どもの状態や遊びの程度を考慮して判断します。

保育のなかでは保育者が役割分担（水遊びをする保育者・その他の遊びをする保育者）をします。子どもの年齢・発達、性格や状態を考慮して、友達の水遊びが見える比較的近い場所で体がぬれない程度の水遊びをしたり、友達の水遊びが見えない場所で別の場所で遊んでいます。

年齢や理解力によりますが、子どもには、なぜ水遊びができないのかをわかりやすく話します。

水遊びができない理由を納得して遊ぶ子ども、友達と一緒に遊びたくて泣く子どもなど、子どもによって反応はさまざまです。保育者や実習生には、子どもの水遊びができない残念な気持ちに共感し、そのときの遊びが楽しくなるような雰囲気をつくり、一緒に楽しく遊ぶことが求められます。

水遊び

低年齢児 0〜2歳

　年齢の低い子どもにも水は大変魅力的な素材です。お座りが安定し両手が動かせるようになると、洗面器やバケツの水に手を入れてかき混ぜたり、両手で水面をたたいたりして喜ぶようになります。しだいに、大小の容器やじょうろ・ひしゃくなど水遊びのおもちゃを使って遊んだり、水を張ったビニールシートや小さなビニールプールに入り、全身ずぶぬれになって水の感触を楽しむようになります。水たまりや手洗い場の水道でいつのまにか水遊びをはじめている姿もよく見られます。

事例　「ベランダで水遊び」

8月
1歳児
3人

カイト　サユミ　ツグミ

　晴天の暑い日、テラスに水を張ったビニールプールとベビーバスが用意されていた。子どもたちはプールに手を入れてかき混ぜたり、水面をたたいて遊んでいる。保育者が「グルグル」「バシャバシャ」と声をかけると動きがいっそう大きくなる。おもちゃの魚を入れると大喜びで捕まえようとする。カイトは保育者をまねてひしゃくで魚をとろうとするがうまくできず手で捕まえた。実習生が「カイくん、お魚とるの上手。ここに入れようか」とバケツを差し出すと魚を入れて別の魚を捕まえようとする。

　サユミは水がかかるのを嫌がり、ベビーバスでカップに水を汲み他のカップに移し替えて遊んでいる。水が入ったペットボトルを逆さにしてカップに水を注ぐと、口にもっていき飲もうとした。実習生が「だめ」とコップを取り上げると泣き出した。保育者が「おねえさん先生ね、サユちゃんにこのお水は飲めないよって教えてくれたの。お腹痛くなっちゃうのよ」と話し、実習生が「ごめんね」と謝ったがサユミは泣き止まない。保育者が実習生に穴の空いた容器を渡してくれた。水を入れてもち上げるとシャワーのように水が出る。「あれあれ、シャワーみたい」と保育者がサユミに声をかけると、実習生から容器をもらって遊びはじめた。

　ツグミはビニールプールで小さなバケツに水を入れたりこぼしたりして大胆に遊んでいた。だんだん動きが大きくなり、自分の手や足に水をかけはじめた。気持ちがいいのかニコニコしている。実習生が笑顔で見守っていると実習生の頭に水をかけた。「ツグミちゃんにかけられた。ビチャビチャー」と実習生がうれしそうに言うと、ツグミも「ビチャビチャ」と言いながら自分の頭にも水をかけた。保育者がツグミの体に水をかけるとツグミは「キャーキャー」と歓声を上げ、自分からプールのなかに入った。手足をバタバタさせて水を跳ねさせると、ほかの子どもたちもプールに入り、みんなで「キャッキャ」と言って喜んでいる。保育者に「そろそろ終わりにしようね」と声をかけられてもプールから出たがらなかった。

① 全身で水遊びを楽しむ子どもと静かに遊ぶ子ども

　水がかかるのを嫌がる子どもはベビーバスで、大胆に遊ぶ子どもはビニールプールで、それぞれの遊びが楽しめるように2つの場が設定されていることがわかります。保育者が遊びの状態を言葉にして伝えると、安心して動きが大胆になりました。

　カイトとツグミはダイナミックな水遊びをして全身で水の感触を楽しんでいます。一方、サユミは比較的おとなしい水の移し替えの遊びをしています。サユミにはペットボトルとカップは飲むものという認識があったのでしょう。水を飲もうとして実習生に制止され泣きました。保育者がサユミに気分転換になるような言葉をかけると、サユミはシャワーのような水の動きに興味をもって遊びはじめることができました。

② 子どもの遊びを言葉にして表現するかかわりと制止の仕方

　実習生ははじめ、1歳児の水遊びへのかかわりに戸惑いを感じていましたが、カイトの遊びを認め、自然にかかわることができました。また、ツグミに水をかけられたときの実習生の楽しそうな反応は、その後のツグミの遊びを楽しくする援助になりました。実習生が子どもの遊びや動作を認め、それを言葉で表現したことによって、2人は安心感をもち、遊びを楽しく続けることができたのです。

　一方、カップの水を飲もうとしたサユミを制止した援助はどうだったでしょうか。水を飲まないようにする援助は大切ですが、サユミは急にカップを取られて驚き、「だめ」と言われて「叱られた」と感じたのかもしれません。子どものとっさの行動への対処は実習生には大変むずかしいことですが、「飲まないのよ」と言いながらサユミの手の動きをそっと止めたり、口をやさしく覆うなどしてから、「お腹が痛くなっちゃうからね」と知らせる援助ができたらサユミの反応は違っていたでしょう。

　年齢の低い子どもは水遊びの水を飲もうとすることがあります。飲みそうな気配が感じられたら、言葉をかけながらそっとさえぎる援助をしましょう。遊びのなかで子どもにわかるように、口の手前で水をこぼして飲む振りをして見せる援助もあります。

> **CHECK POINT**
> - 大胆に水遊びを楽しむ子どもと苦手な子どもの遊びの場を分けて設定する
> - 子どもが楽しんでいることを認め、言葉にして楽しそうに一緒に遊ぶ
> - 子どもが水を飲まないよう気を配り、わかりやすい遊び方のモデルを示す

水遊び

3歳児 7月

　園での生活の仕方がわかり、保育者に見守られながら少しずつ簡単な身のまわりのことができるようになった年少の子どもたちは、年長児や年中児の遊びを見て自分もいろいろなことに挑戦したい気持ちになります。年上の子どもに教えられたり、まねたりしながら少しむずかしいことにも挑戦します。うまくいかないこともありますが、保育者に支えられてあらたな発見やできた喜びを感じていきます。また、保育者や友達と会話をすることを楽しみ、経験したことを話す場面も見られます。

事例　「ジュースをつくる色水遊び」

7月　3歳児　3人
ムネオ　ホナミ　タマオ

　園庭にテーブルが出され、赤・青・黄色・緑・白の絵の具を溶いた色水が入ったバケツとひしゃく、大小のコップ、空のペットボトルや容器が置かれていた。

　登園後の支度をすませたホナミが「先生、遊ぼう」と実習生の手を引いてベランダに向かった。色水の入ったバケツを見つけ「ジュースつくるからまってて」とコップを並べる。タマオが来て遊びに加わる。ホナミは全部の色水をすくって並べ、白を牛乳、赤をイチゴ、黄色をバナナ、緑をピーマンに見立てる。実習生が青の色水は何か聞くと「うーん、わかんない」と困った顔になる。タマオが「海のジュースだよ」と答える。実習生が「きれいね。しょっぱいかな。飲んでみよう」と飲もうとすると「うそっこに飲んでね。本当に飲んだらお腹痛くなっちゃうからね」と注意する。実習生が飲むまねをして「わーしょっぱい」と言うと、ホナミが「はい、バナナジュース、甘いよ」と黄色の色水を、タマオも「イチゴジュース」と赤い色水を差し出す。

　2人の前で「魔法のジュースだよ」と実習生がうたいながら青に赤を混ぜる。「見て。うみのジュースがぶどうジュースになった」と言うと、2人は少し驚いたように見る。2人も「魔法のジュース」とまねして赤に黄色を混ぜオレンジジュース、赤と白で桃ジュースなど、混色していろいろなものに見立てている。全色を混ぜると濁った汚い色になったが、2人は「コーヒーだよ」と言って喜んでいる。

　ムネオが来て「何してるの？」「ジュースつくってるの」「何のジュースにしますか？」「かぶと虫ジュース」と3人でやりとりをする。ホナミとタマオは笑いながらおもしろがり、赤と緑と青を混ぜた濁った水を「かぶと虫ジュース、おいしいですよ」と渡した。ムネオはそれをもって砂場に走っていった。他の子どもたちも来てジュースづくりをしたり、つくったものをもらったりして片づけの時間までこの遊びが続いた。

① 色を見立てる楽しさと色を混ぜる楽しさ

　年長児・年中児に色水をつくってもらっていた3歳児ですが、この日は自分たちが主になって色水遊びを楽しみました。ホナミとタマオは同じ場で同じことをして遊んでいますが、協力や役割分担などはまだ見られず、お互いの動きや言葉に影響を受けながら遊んでいます。大人から見ると汚い濁った色もコーヒーに見立て、色を見立てる遊びを楽しんでいます。色水を飲んではいけないことを理解して注意をしたり、実習生の「しょっぱい」に対して甘いジュースを差し出すなど、他者への思いが読み取れます。実習生の働きかけが色を混ぜる遊びのきっかけになり、ムネオとのやりとりを通して複数の子どもたちがかかわる色水遊びに発展していきました。

② 子どもの発想を大切にしたかかわりと自発的な遊びの尊重

　子どもたちは「海のジュース」や「かぶと虫ジュース」など、大人には想像もつかない非現実的なものをイメージしています。実習生は子どもの言葉を否定したり修正したりしないで、上手に応答することができました。実習生の「しょっぱい」ふりを受け止めて甘いジュースを差し出した子どもの思いやりの行為には、「ありがとう」「うれしいな」とていねいに応答することができるとよかったでしょう。

　次に、実習生は「魔法のジュース」という楽しいフレーズで色を混ぜて見せます。これが混色遊びのきっかけになり、色を混ぜる楽しさ、混ぜて別の色ができる楽しさ、できた色を見立てる楽しさにつながりました。しかし、実習生が提案しなくても子どもたちは自分から色水を混ぜたかもしれません。あるいは、予期せずこぼれた色水が混ざって色が変化することを発見したかもしれません。つまり、実習生の働きかけは必要であったかどうか疑問が残ります。

　子どもが楽しそうに遊んでいるときには、楽しんでいることを尊重しましょう。あらたな提案や見本を見せる援助は、遊びがマンネリ化したり、遊びへの興味や意欲が減退したときにするとよいでしょう。一緒に楽しく遊びながら、子どもの自発的な言動を待つ援助も必要であることを覚えておきましょう。

> **CHECK POINT**
> - 子どもが好きなように自由に色水遊びができる環境を設定する
> - 会話ややりとりを楽しみながら、色水を見立てる遊びを楽しめるようにする
> - 子どもが楽しんでいることを尊重し、必要に応じて提案や助言をする

水遊び

4歳児 6月

　自分のしたいことがはっきりし、言葉で伝えられるようになっていきます。気の合った友達とかかわりながら遊びますが、競争心の芽生えや、お互いの主張がかみ合わないことがあり、ぶつかり合いになったり遊びが終わってしまうことも多い時期です。それぞれの子どもの思いや楽しさが一致すると、友達と一緒に同じことをする楽しさ、同じ思いをもって遊ぶ楽しさを感じ、友達とのかかわりを深めながら楽しい遊びが展開します。友達と遊ぶなかで、ものの数や量・大きさに気づき、比較しながら遊ぶ場面が見られます。

事例　「大きいシャボン玉をつくりたい」

6月　4歳児　5人

ヒサシ　シュン　アヤカ　ユカリ　ミヨ

　前の週に遊んだシャボン玉遊びができるように、ベランダにシャボン玉の道具が用意されている。実習生が笑顔でシャボン玉を吹いていると、子どもたちが集まってきた。1人ずつ容器に入ったシャボン液を受け取るとすぐにストローで吹きはじめた。ヒサシはゆっくり吹いて大きく、シュンは勢いよく吹いてたくさん飛ばす。アヤカは吹き方が強すぎ、ユカリは弱すぎてうまく飛ばない。アヤカとユカリは飛んでいるシャボン玉を見て「きれい」と言って、追いかけて捕まえる遊びをはじめた。

　ミヨは「先生できない。この間はできたのに」と実習生に訴える。実習生が「ゆっくり吹いてみよう」と言って一緒に何回か吹くと、きれいなシャボン玉ができた。

　シュンが「ヒサシ君の大きいけどぼくの小さい」と言う。実習生が「小さいけどいっぱいでステキよ」と言うと「ぼくも大きいのがいい」と言う。実習生は「ちょっと待っててね」と声をかけ、保育室からハサミをもってくると、ストローの先に切り込みを入れた。先を折り曲げて広げるように伝えシュンに渡した。そのストローで大きいシャボン玉ができると、シュンはヒサシに見せに走って行った。ヒサシ、アヤカ、ユカリも同じようにしてほしい、と実習生のところに来た。4人は大きさを比べたり、「もっと大きくしよう」とはりきっている。

　ミヨがぬれているテーブルの上のシャボン玉が壊れないことに気づき、「見て」と実習生に言った。「ほんとだ、すごいね」と実習生が言うと、子どもたちはテーブルに向かって吹きはじめ、たくさんのドーム型のシャボン玉ができた。つながったものを雪だるまやぶどうに見立てたり、「合体」と友達のシャボン玉とつなげて遊ぶ。ヒサシとシュンは1つのシャボン玉を2人で吹いて大きくする遊びを見つけた。「2人で吹くと大きくなるね」と実習生が言うとさらに大きくなるように慎重に吹いている。

① 友達と楽しむシャボン玉遊び

　前の週の遊びを思い出し、大きいシャボン玉、たくさんのシャボン玉を吹く子ども、吹く加減がつかめず、なかなかうまくできない子どももいました。できないことを訴えたり、友達のシャボン玉と大きさを比較して、大きなシャボン玉づくりに意欲をもった子どももいます。子どもたちは遊びのなかでシャボン玉の美しさに気づいたり、割れない不思議を見つけ、それを遊びのなかに取り入れて楽しんでいます。
　シャボン玉を追いかける楽しさ、大きいシャボン玉をつくる楽しさ、見立てる楽しさ、発見する楽しさ、友達と一緒に遊ぶ楽しさを味わっていることがわかります。

② 子どもの思いに応える援助

　実習生はシャボン玉遊びがはじまる前に、楽しそうにシャボン玉を吹いていました。実習生の楽しそうな姿は遊びに入りやすい雰囲気をつくり、子どもの遊びへの意欲を引き出す自然な働きかけになっています。「できない」と訴えるミヨや、大きなシャボン玉をつくりたいシュンの気持ちに応え適切な言葉をかけ、一緒に吹いたりストローの工夫をするなど、子どもの要望が実現する援助ができました。ストローに切り込みを入れる工夫を知っていたことは、子どもたちが大きなシャボン玉づくりを楽しむきっかけにもなりました。また、子どもの発見に驚いたり、より意欲がもてるような言葉かけができたことも、子どもの遊びを広げるかかわりになっています。
　しかし、シャボン玉がうまくできなかったアヤカとユカリのつまずきには何の援助もできませんでした。2人はそのあとシャボン玉の美しさに気づき追いかける遊びや大きなシャボン玉をつくる楽しさを味わっているので問題ないように思えますが、声をかけ一緒に吹くなどの援助ができるとよりよかったのではないでしょうか。

　保育者や実習生には子どもの様子を見て必要な準備や環境構成をしたり、子どもの訴えや要求に耳を傾け応えることが求められます。訴えがなくても子どもの様子を見て、励ます、一緒に行う、アドバイスをするなどの援助ができるとよいでしょう。

> **CHECK POINT**
> ● 子どもの意欲を大切にし、子どもの発見を認めるていねいなかかわりをする
> ● 子どものつまずきに寄り添い、一緒に考えたり、提案することを心がける
> ● 道具や素材についての知識や、遊びが楽しくなる工夫を学んでおく

水遊び

5歳児 8月

　プール遊びでは水に浮いたり上手に泳げる子どもがいる一方で、顔に水がつくことすら嫌がる子どもがいるなど、大きな個人差が見られます。

　このころの年長クラスの子どもたちは、生活や遊びにはいろいろなきまりがあること、きまりは守らなければならないことを理解し、自分から守ろうとするようになります。しかし、得意なことには自信があり、大人や友達に認めてほしい気持ちが強くなると、きまりや約束を忘れて挑戦しようとすることもあります。

事例　「プール遊び　飛び込みはしてはいけない」

8月　5歳児　5人

登場人物：ケイ／ユウゴ／ジョウジ／リョウコ／アコ

　晴天の暑い日、実習生は保育者と一緒に園庭のプールで水遊びをすることになった。保育者はプールに入る子どもの健康カードをチェックし、プールで遊ぶ子どもは水着に着替えた。園のプールは水位が低いので、保育者はプールに入る前に子どもと、水が少ないから危ないので「飛び込みはしない」という約束をした。

　リョウコとアコはプールの縁に水遊び用のおもちゃを並べて、プールの外側に立ってプールの水を使って遊んでいる。プールのなかでは保育者と一緒にバシャバシャと水しぶきを上げて歩いたり、肩まで水のなかにつかったり、保育者や実習生に水をかけたりかけられたりして喜んでいる子どももいる。ユウゴとジョウジはプールのなかでビート板を使いバタバタと泳ぐ練習をしていた。

　ケイは水に顔をつけて泳いでいる。「ケイくん、かっこいい。泳げるんだね」と実習生がほめると、ケイは「スイミングにいってるからね。見てて」ともう一度顔をつけて泳いで見せ「もっといっぱい泳げるよ。飛び込みもできるよ」と得意そうに言った。実習生は「そう、ケイくんすごいんだね」と感心して言った。するとケイはプールの縁に座ってプールに飛び込んだ。

　保育者はケイにどこかぶつけなかったか確認すると「約束を守れない人はプールでは遊べない」と告げ、プールから出るように言った。ケイは下を向いて困った表情になった。保育者はケイになぜ飛び込んではいけないのかもう一度話し、約束を守れるか聞いた。ケイが反省していることを確認し、「宝探しをしよう」と提案して一緒に遊びはじめた。

① 大きな個人差と得意なことを見せたい気持ち

　プールの外側で水遊びをする子ども、保育者や実習生とかかわって遊ぶことを楽しむ子ども、泳ぎの練習をする子ども、泳いでいる子どもなど、同じ5歳児であっても水へのかかわりに大きな違いがあることがわかります。

　ケイはスイミングスクールに通っていて泳ぐことができるので、プール遊びのときには友達からも一目置かれていました。それを知らない実習生に泳ぎをほめられ、うれしくなり得意になって泳いで見せます。飛び込みができるところも見てほしい、もっとほめられたい気持ちになったのでしょう。約束を忘れて飛び込みをしてしまいましたが、保育者に注意され約束を守らなかったことを反省しています。

② 危ないことをきちんと伝えるかかわり

　保育者の動きをまね、水のかけ合いを嫌がらずに、子どもと一緒になって遊ぶ実習生のかかわりは、子どもたちの遊びをより楽しいものにしています。

　そのあと、実習生は5歳児のケイが上手に泳ぐ姿を見て、感心してほめました。実習生の言葉はケイの自尊心を高めることになりましたが、ケイはもっとよいところを見せようとして、飛び込みができるところも見てほしくなり、実習生の前で飛び込みをしてしまいました。

　実習生は飛び込みは危険な行為であり、子どもたちと保育者が飛び込み禁止の約束をしたことを知っていました。ケイがプールの縁に座ったときに「園のプールでは飛び込みはできないね」や「残念だけどこのプールでは飛び込み、見せてもらえないね」と伝えることができると、ケイは約束を思い出し自分の行動を調整できたかもしれません。

　プール遊びでは個人差を考慮して、励ましたり自信がもてるように認めたりしながら、一人ひとりが楽しく遊べるようにかかわることが大切です。また、プールには危険が伴うことを認識して、子どもが理解できるようにきまりをきちんと伝え、細心の注意を払うことが必要です。きまりを守ることで、みんなが楽しく安全に遊べることを子どもが気づけるような援助が大切です。

> **CHECK POINT**
> - 個人差に応じて、一人ひとりがプール遊びを楽しめるようにかかわる
> - プール遊びの危険ときまりについてわかりやすく伝える
> - きまりが集団生活の安全や楽しさにつながっていることに気づけるようにする

Column　色水遊びについて

❋ 植物を使った色水のつくり方と遊び

あさがお、つゆくさ、ほうせんか、おしろいばな、コスモス、サルビアなど、色の鮮やかな植物を1種類ずつ、厚めのビニール袋に入れ、輪ゴムなどで口をしばりつぶしながらよく揉み、水を少しずつ加え色を調整する。草花は、発色がよくなくなるが、冷蔵庫や冷凍庫で保存もできる。年齢の高い子どもは自分で色水づくりをするのも楽しい遊びになり、濃い色水で絵を描いたり、紙や布を染めるのも楽しい。

❋ 低年齢児や障がいをもつ子どもへの配慮

きれいな色水をジュースなどと間違えて飲んでしまうことがある。子どもから目を離さず十分に気をつけなければならないが、万が一に備えて、紫キャベツ、アカジソ・ぶどうの皮、ほうれん草など、野菜や果物を使って色水をつくり、多めの食塩を入れておく方法もある。クチナシ、パプリカ、コチニール、食紅（赤・黄・緑）などの食用の着色料を利用してもよい。

❋ 注意すること

色水は飲めないことを伝え、遊んだ後はかならず石けんできれいに手を洗う。色水は衣服につくと落ちないものもあるので、汚れてもよい服装（スモックやエプロンなど）で遊ぶ。

❋ 混色の基本バリエーション

赤＋黄色⇒オレンジ、赤＋青＝紫、赤＋白⇒濃ピンク、青＋黄＝緑、青＋緑＝青緑、青＋白＝水色、黄＋緑＝黄緑、黄＋白＝クリーム色、緑＋白＝若草色、黒＋白＝灰色ほか

混ぜる比率と水の割合によって色合いや濃淡を調整する。

Column　シャボン玉遊びについて

- シャボン液は市販のものもあるが手づくりすることもできる。シャボン液は汚れを吸着しやすいので、シャボン玉の道具は十分に洗い乾燥させ、古いシャボン液は使わないようにする。
- シャボン玉は乾燥したものにつくとすぐに割れ、ぬれたものにつくと割れにくい性質がある。ぬれた布や板・テーブルなどを用意しておくとシャボン玉の泡遊びが楽しめる。
- ストローの先にハサミで切り込みを入れて広げると、大きなシャボン玉ができる。
- ストローの途中に穴をあけておくと、吸い込みにくくなる。
- シャボン液を吸ってしまいそうな子どもにはストローは使わないほうがよい。針金にモールや毛糸を巻いたものや、髪留め用のゴムを丸くしたものなどにシャボン液をつけ、そっと吹くとよい。うちわの骨を利用するとたくさんのシャボン玉ができる。

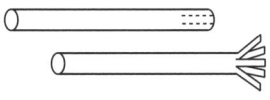

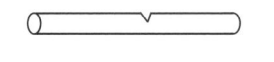

ストローに切り込みを入れ広げる　　ストローの途中に穴をあける　　針金にモールを巻きつけたもの

❋ シャボン玉液のつくり方

材料：石けん（固形でも液体でもよい。注：台所用の洗剤ではなく「脂肪酸」の表示があるもの）、ぬるめのお湯、砂糖またはガムシロップ少々（強度が出る）、紅茶少々（ツヤがよくなる）を入れてよく混ぜる。分量はつくりながら調整する。ほかにハチミツ、グリセリン、松ヤニ、炭酸水、片栗粉などを少量入れるつくり方もある。

Practice 実践 12

自然とのかかわり

　幼稚園や保育所では年間を通じて、園内や園外の自然とかかわる機会をつくり、自然物を遊びに取り入れ、身近な自然や四季の移り変わりを楽しめる工夫をしています。自然にはさまざまなものがありますが、ここでは子どもが園生活のなかで間近に見たりふれたりできる樹木や草花などの植物や、ダンゴムシやザリガニなどの小さな生き物とのかかわり、散歩について考えてみましょう。

　植物は四季に伴う変化や生長（芽吹き・開花・結実・紅葉・落葉・種・発芽）を見ることができ、色・形・香り・美しさを身近に感じることができる自然です。子どもにとっての魅力は、何といっても葉・花・実にあり、拾ったり摘んだり集めたりすること、遊びの材料として楽しむことができることにあります。

　小さな虫や生き物の魅力は、子どもの手の平に乗る大きさで、おもしろい形や動きをし、短期間に成長や変態（卵・誕生・幼虫・脱皮・さなぎ・成虫・産卵）の様子や、食べたり排泄したりする様子を身近に見ることができることでしょう。

　散歩は園内では体験できない地域の自然にふれる機会です。保育者や友達と歩く楽しさ、園外に出る高揚感、外の空気にふれる解放感を味わいながら、自然を探索したり、植物や小さな動物とのふれあいを楽しめる魅力があります。

　地域によって自然環境は異なります。日ごろから身のまわりの自然を観察し、知識や情報を得て、子どもへの働きかけについて考えておくことが大切です。

自然とのかかわり 援助のポイント！

自然にかかわる大人の姿勢

子どもの自然とのかかわりは大人の言動に影響を受けることが多い。保育者や実習生が動植物やその他の自然に親しみ楽しそうにかかわると、子どもも安心してかかわることができる。子どもが気づきにくい自然に気づけるような言葉かけや働きかけの工夫も必要である。

園外での活動の際の注意

園外で活動するときには場所や活動内容によるが動植物による害を避けるため、サンダルは避け靴を履き、帽子をかぶり、なるべく手足を出さない長袖長ズボンを着用する。目的地では自由に行動してよいエリアを明確にし、安全に関する約束をきちんと伝えることが大切である。

子どもの発見や気づきを大切にするかかわり

子どもの気づきや発想に「そんなの当たり前」「そんなことも知らないの」と思ってかかわらないようにする。「違うよ」と否定したり、知識を教えるのではなく、子どもの発想や発見を認めたり、一緒に感動したり、不思議を感じたりするかかわりができるようにしたい。

道路を歩くときの注意

道路を歩くとき、横断するときには自動車や自転車に十分注意する。子どもは歩道側、大人は道路側を歩くようにする。子どもの視野は大人より狭く身長が低いので、安全の確認はかならず大人がする。子どもが自分で安全確認をする習慣を身につけられるよう注意を呼びかける必要もある。

子どもが抱く「疑問」への配慮

年齢の高い子どもは自然現象やものにふれると「これは何だろう」「なぜ？」などの疑問を抱くことがある。すぐに大人が教えるのではなく、子どもが手に取れるところに絵本や図鑑を用意し、自分で調べられるようにし、科学する心の芽を育みたい。

低年齢児への注意

低年齢の子どもは興味をもって何でもさわったり、口に入れることがあり、小さな動物や虫に刺されたりかまれたり、かぶれを起こすことがある。言葉で伝えても理解できない時期には、さわってはいけないものには近づかないようにする配慮が必要である。

害のある動植物への注意

動植物のなかには毒性のあるもの・棘のあるもの・かぶれを起こすもの・刺されたりかまれたりするものがある。大人が正しい知識をもち、さわってはいけないものや観察時の注意などをわかりやすく伝える必要がある。

遊んだ後の注意と配慮

子どもは手を口に入れることが多い。動植物にふれたあとはかならず石けんで手を洗い、うがいをし、衣服が汚れたときには着替えるように援助する。子どもが大切にもち帰ったものは黙って処分せず、園で遊ぶか、家庭にもち帰るか、かならず子どもと相談してきめるようにする。

Q&A 実習でこんな場面に出会ったらどうかかわる？

Q 虫や小さな動物が苦手です。どうしたらよいでしょう。

私は小さいころから虫や小動物が苦手で、手でもったりさわったりすることができません。幼稚園や保育所では子どもが虫探しや虫捕りをするのではないかと思うと大変不安です。どうすればよいでしょうか。

A 子どものなかには虫捕り名人や虫のことをよく知っている虫博士がいます。また、虫や小動物が大好きで上手に扱ったり世話をすることができる子どもがいます。その子どもたちの感性を尊重し、大切に考えましょう。

虫や小動物を嫌そうな目で見ない、キャーキャー騒いだりしない、怖がって逃げたりしないことは実習生に求められる最低限の努力です。虫や小動物を落ち着いて見るようにしましょう。絵本や図鑑を一緒に見たり、子どもに生態や命の話をすることはできるでしょう。子どもの気づきや発見・驚きに共感したり、一緒に不思議を感じることができればよいと思います。

苦手なことを子どもに言うかどうかの問題がありますが、年齢の低い子どもは大人が苦手であると、手を出さなかったり嫌いになることがあります。年齢が高くなると「僕（私）がやってあげる」と率先して世話をしてくれる子どもが出てくることがあります。子どもの個性にもよるので、子どもたちの様子や状況を見て、担任保育者に相談し、告げるかどうか判断しましょう。

Q 虫や小動物が苦手な子どもへのかかわり方を教えてください。

授業のなかで、虫や小動物が苦手で手でもったりさわったりすることができない子どもがいると聞きました。虫や小動物に親しみを感じるようにするにはどうしたらいいですか。実習生にできることはありますか。

A 実習生が子どもとかかわることができるのは短期間です。実習生の働きかけだけで、虫や小動物に慣れ親しむようにしようと思わないでください。焦って無理をすれば逆効果の可能性もあります。まず、子どもがなぜ苦手なのか考えてみましょう。怖い・汚い・臭い・気持ちが悪い・手や足が取れそう・家庭でさわってはいけないと言われてきた、などさまざまな理由が考えられます。経験がないために怖いと感じる子どももいるでしょう。

実習生は子どものまえで虫や動物とていねいに楽しそうにかかわることが大切です。楽しそうに話をしてもよいでしょう。実習生や友達の楽しそうなかかわりを見て、「怖くないみたい」「だいじょうぶかな」と思える間接的な働きかけを心がけます。虫や動物の絵本や紙芝居を読むのもよいでしょう。興味や関心の芽を育むことはできるかもしれません。

実習生のほうから子どもに近づいて「見てごらん」「さわってみましょう」と誘わず、子ども自身が興味を示すときを待ちましょう。とにかく無理はしないことです。

自然とのかかわり

低年齢児 0〜2歳

自分でしようとすることが増え「自分で」という場面が多くなりますが、できないことも多く、保育者に見守られ、認められて自信をつけていきます。反面、依存したり甘えたりすることも多く、気持ちを受け入れられて情緒を安定させます。

歩行がしっかりし、走る姿も見られるようになり、戸外で体を動かして遊ぶことを喜びます。落ち葉や木の実を拾ったり、全身で落ち葉の感触を味わったり、保育者と一緒に秋の自然にふれる遊びを楽しむ姿が見られます。

11月
1歳児
5人

事例 「落ち葉の遊び」

タロウ　マサヤ　　コハル　ミナミ　ユイコ

午前のおやつの後、子どもたちは園庭で保育者と一緒に、風で舞い落ちる落ち葉を追いかけて捕まえようとしていた。コハルが転んで泣き出した。実習生がすぐに抱き起こし「だいじょうぶ、痛くない、痛くない」と声をかけたが、コハルは泣きやまない。保育者が気づきどこが痛いのか聞くと、手の平を見せ、膝にさわった。保育者は異常がないか確認して、コハルの両手と膝に触れ「痛かったね。おまじないしようね。痛いの飛んでいけ、お山に飛んでいけ」と言うと落ち着いて泣きやんだ。

実習生が大小の落ち葉を並べてキツネの顔をつくり「こんにちは。ぼくは葉っぱのキツネ君」と言うとコハルとミナミがのぞき込んで「こんにちは」と言う。「ウサギさんも」「ネコは？」と言うので「ウサギさんとネコさんもつくろうね」と葉っぱを並べる。「たいへん、お耳の葉っぱがない」と言うと、2人は「どこにある？」と探しはじめる。実習生が「ウサギさんのお耳、ネコさんのお耳、赤い葉っぱ、黄色い葉っぱ」と言いながらきれいな葉を拾い集めると、ミナミとユイコが「これは？」と聞いてきたり、「これ赤いよ」「これ黄色？」と見せにくる。

落ち葉が集まっているところを実習生が踏みしめるとガサガサと音がした。子どもたちもまねして足踏みをしたり、ピョンピョンと飛び跳ねたりして散らして遊ぶ。

年長児がつくった落ち葉のプールにタロウとマサヤがいて、実習生に葉っぱをかけてほしいと言う。足に落ち葉をかけると「もっと」と要求する。一緒にいたコハルとミナミも一緒に葉っぱをかける。実習生が両手で落ち葉を投げ上げるとシャワーのように落ちてくる。子どもたちは歓声をあげて喜び、みんなでまねをしはじめた。一段落すると落ち葉の上を転げまわり、全身落ち葉まみれになって遊んだ。

ユイコは落ち葉プールには入らず、1人でイチョウの葉をたくさん拾っていた。実習生に輪ゴムで束ねてもらうと、花束のように両手でもってうれしそうにしている。

① 保育者や実習生と一緒にさまざまな落ち葉の遊びを楽しむ

　色とりどりの落ち葉が風で舞い散る様子は、子どもの追いかけたい気持ちを引き出す魅力をもっているようです。転んで泣き出す子どもがいますが、保育者に気持ちを受け止められて気分が変わり遊びはじめます。

　実習生が落ち葉で動物の顔をつくるとあいさつをしたり、知っている動物の名前を言うなどやりとりを楽しむ姿が見られます。色を意識した落ち葉拾い、音を楽しむ落ち葉踏み、友達とかかわりながら全身で落ち葉の感触を味わう遊びなど、1つの遊びが継続するのではなく興味の対象が移っていく様子がわかります。ユイコのように1人でしたいことを楽しむ子どももいますが、それぞれが落ち葉の遊びを楽しんでいます。

② 子どもの気持ちに沿う援助と子どもと一緒に遊ぶ援助

　実習生は転んで泣き出した子どもをすぐに抱き起こし声をかけましたが、泣きやまず困ってしまいます。子どもが転んだときもっとも大切なことはケガなどの異常がないか確認することです。子どもの発達・個性・その場の状況などを実習生が判断するのはむずかしいことですが、この場面ではひどく転んだのではなくケガもしていないので、実習生が見守り励ますことで子どもは自分で立ち上がることができたかもしれません。また、実習生は「痛くない」と言ってなぐさめますが、転んだ直後は痛いものです。保育者のように痛みに共感し、気分転換のためにおまじないをするなどの援助の方法も身につけておくとよいでしょう。

　葉っぱで動物の顔をつくり楽しい言葉で話しかけたり、落ち葉を踏んでみたり、全身で落ち葉の感触を楽しめるようにするかかわりは、子どもの興味に合致し、意欲がもて、友達とのかかわりが楽しめる援助になりました。1人でイチョウの葉を集めていた子どもを無理に誘わず、楽しんでいたことを認める援助もできました。

　子どもが気づきにくいこと、できそうな遊びを実習生がして見せることで、子どもの興味の幅が広がり遊びも広がります。実習生が楽しい言葉を交えながら、一緒に楽しく遊ぶことで、子どもは安心して楽しさや喜びを感じながら遊ぶことができます。

▶▶ CHECK POINT

- 子どもが落ち葉の感触や遊びを楽しめるように一緒に楽しく遊ぶ
- 実習生が仲立ちとなって友達とかかわり、楽しく遊べるようにする
- 転んだときには異常がないか確認し、痛みを察してていねいにかかわる

自然とのかかわり

3歳児 5月

好きな遊びを見つけ友達と遊ぶ姿も見られますが、さまざまなものに興味が移り、それぞれに楽しみたいことが異なるので、子どもだけの遊びは持続しないことも多い時期です。保育者と一緒に遊びながら友達と遊ぶ楽しさを感じていきます。

園庭や散歩などの戸外で身近な植物や虫などの小さな生き物に興味をもち、見たり触れたり捕まえたりして遊びます。保育者や友達と一緒に草花を摘んでさまざまな遊びを楽しむこともあります。

事例 「春の野原で遊ぶ」

5月 3歳児 7人
ハルヒト テツタ フミオ
アサコ ミサ ジュリ カスミ

穏やかな晴天の日、園の近くの野原に行く。子どもたちに誘われ、実習生はかくれんぼの鬼になった。遠くに行かないように約束をして、子どもたちは草の陰に隠れる。「もういいかい」「まーだだよ」「もういいよ」と大きな声でかけ合いをする。子どもたちは実習生に見つけられ名前を呼ばれると、喜んで草のなかから出てくる。

ハルヒトは草のなかでテントウムシを見つけて大事そうに手の平に乗せている。友達に「見せて」「貸して」と言われ、見せるが手渡すことは拒んでいる。テツタもほしくなり草のなかを探すが見つからず「先生、見つけて」と実習生にせがむ。実習生がカミキリムシを見つけてテツタに渡そうとすると、恐がってもつことができない。ビニール袋に入れて手渡すと、ハルヒトと一緒に触覚や顔をじっと見ている。

アサコがタンポポの綿毛を見つけて「ポットちゃんのワタゲ」と言って「フー」と吹いて飛ばしている。それを見てフミオが「これ（シロツメクサ）のおばけだよ」と言う。実習生が「これはタンポポの種だよ」と言うと2人はどこかに行ってしまった。

ミサとカスミとジュリはタンポポやシロツメクサの花を摘んで、木の葉の上に乗せている。実習生が「何ができるの」と聞くと、それぞれ「おにぎり」「ケーキ」「たこ焼き」と答える。実習生が「おいしそう」と言うと、ミサが小枝を添えて「どうぞ」と差し出す。カスミとジュリも同じようにする。実習生が順番に食べるふりをすると3人はうれしそうに見ていて、また違う花を摘みに行った。

園に戻る時間になり、実習生がハルヒトとテツタに「虫たち元気がないね」と言うと、2人はテントウムシとカミキリムシを逃がした。少し寂しそうな2人に「ありがとうって言ってるよ。いいことしたね」と声をかけるとうれしそうな表情になった。

① 子どもが興味をもった自然とふれあう遊び

　子どもたちは野原でのかくれんぼ、虫探し、タンポポの綿毛吹き、草花のおままごとなど、それぞれに興味のあるものを見つけ、園外の自然にふれて遊んでいます。

　背の低い草に隠れるかくれんぼはすぐに見つかってしまいますが、子どもは上手に隠れることよりも、言葉のやりとりや見つけてもらうことを楽しんでいます。虫を見つけて自分で捕まえたハルヒトの自分のものにしておきたい気持ちや、ほしいけれど虫をもつのは恐いテツタの様子が読み取れます。タンポポの綿毛を見て絵本のお話を思い出したり、自分なりの見立てをする子どももいます。春の草花と木の葉で友達とままごと遊びを楽しむ姿も見られ、子どもたちはそれぞれの遊びを楽しんでいます。

② 子どもの気持ちを読み取ろう

　実習生はかくれんぼで鬼になり、大きな声でかけ合いをしたり、子どもの名前を呼ぶなどして子どもたちが楽しく遊べるようにかかわりました。また、虫を見つけられずもてない3歳児の気持ちを理解して、虫をもつことを強要せず、虫への興味や関心をそこなわないようにうまく対応することができました。

　しかし、タンポポの綿毛で遊んでいた2人の遊びは、実習生に種であることを教えられて終わってしまいました。実習生が子どもの発想や見立てを大切にして応答していたら、空想の世界が広がり楽しい遊びに発展したかもしれません。

　草花と葉っぱのままごと遊びでは、子どもの見立てをよく理解して遊びが楽しくなるような言葉かけやかかわりができました。

　園に戻る前に虫を捕まえた子どもたちに虫を逃がす提案するのではなく、虫の状態に気づき自分から虫を逃がそうと思えるような働きかけができました。2人はこの行為をほめられたことで、小さな命への思いやりを育くんでいくことでしょう。

　自然物とのかかわりでは、子どもが真実を知りたいのか想像の世界を楽しんでいるのか、その判断はむずかしいものです。子どもの様子をよく見て、何を楽しんでいるのかを理解するよう努め、自然物と楽しくかかわれる援助を心がけましょう。

> **CHECK POINT**
> - 子どもの自然物とのかかわりを尊重し、楽しく遊べるように一緒に遊ぶ
> - 子どもの見立てや気づきを大切にし、共感したり一緒に不思議を感じたりする
> - 小さい命に思いやりの気持ちがもてるよう働きかけ、認める援助をする

自然とのかかわり

4歳児 9月

人とのやりとりを楽しみ、言語やコミュニケーション能力が急速に伸びる時期です。友達とのかかわりが増し、仲のよい友達と相談して遊ぶようになります。園内の様子がわかり、年下の子どもとのかかわりから少しずつ自信がつき、知っていることを話したり教えたり、世話をすることに喜びを感じるようになっていきます。

身近な草花や小さな生き物への興味も増し、青虫（チョウの幼虫）やダンゴムシ、セミやカマキリなど、園庭で見つけた虫を捕り保育室で飼育をする機会も増えます。

事例　「ハチミツとりと虫探し」

9月　4歳児　4人
アオイ・チカ・モモコ・レイナ

アオイ・チカ・モモコ・レイナが4人で向かい合い話し合っている。アオイが「先生は知らないよね」、チカが「見たことないかも」、モモコが「教えてあげよう」と言い、実習生を誘った。レイナが「先生、いいものあるところに連れていってあげるね」と言う。実習生が「楽しみ、楽しみ。何だろう」とついていくと、樹液の出ている木の下で「ハチミツだよ」と言う。「すごいね。知らなかった」と驚いて見せると、レイナが樹液を小枝にすりつけ「こうやってとるんだよ」と得意そうに見せる。

次に花壇に行くと、チカが「先生、アリだよ」と実習生に教えた。「大きいアリだね」と言うと「そうなの。うちのアリは大きいの」とうれしそうに言う。

モモコが野菜のプランターの脇にしゃがみ、何かいないか探しはじめた。そっとプランターをずらすと、たくさんのダンゴムシがいた。モモコが「ねえねえ、ちっちゃいのがいっぱいいる」、チカが「赤ちゃんだ」、アオイが「赤ちゃんはかわいそうだからつかまえないのね」と4人で確認している。「キャー、なめくじ」とレイナが気持ち悪そうに言う。「デンデンムシみたい」と実習生が言うと、アオイ・チカ・モモコが「全然ちがうー」と言い、3人はそれぞれ知っていることを真剣に実習生に話す。

チカが「今度はこっちね」とナスの枝葉を見て何かを探す。幹にテントウムシを見つけ、「いたいた」と言って喜んで手に乗せた。「私にももたせて」「次は私」とテントウムシをつまむ。レイナはさわらない。実習生が「ちいさいね。レイナちゃん、こうすると上っていくよ」と1本指に留まらせる。それを見て、レイナも1本指を出したのでそっと留まらせると、指先まで上って飛んで葉に留まった。チカが捕まえて今度は指に留まらせる。しばらくするとテントウムシが動かなくなった。チカが「弱ってきたのかな」、アオイが「死んじゃうかもしれない」と言う。「どうする」と実習生が聞くと、4人で相談して葉っぱの上にそっと置いた。

① 虫への親しみと知っていることを教えたい気持ち

4人の女児は園庭の樹液の出る木や、どこにどんな虫がいるかをよく知っていて、園庭の木や虫に興味・関心をもっていることがわかります。また、実習生に親しみをもって歓迎しようとしています。樹木や虫への興味と、自分たちが知っていることを教えたい気持ちが重なり、意気揚々と実習生を案内します。

子どもたちはこれまでの園生活のなかで、アリやダンゴムシ・ナメクジ・テントウムシに親しんでいることがわかります。虫が弱ってしまうこと、死んでしまうことを体験しているのでしょう。赤ちゃんは捕まえない、弱った虫は元の場所に戻すなど、小さい生き物に対する思いやりの気持ちが見られます。

② 子どもの言葉や行動を受け入れる援助

実習生は虫に興味をもつのは男児だと思っていたので、女児が虫に興味をもちふれることに驚きました。子どもが教えようとすることに知らないふりをして、驚いたり、うなずいたり、発見や気づきを認めたりする大変よい応答ができました。子どもたちはさらに張り切って園内を案内し、知っていることを伝える喜びを感じています。子どもが自信をもち、いきいき活動できる援助ができたといえるでしょう。

テントウムシが弱ったときには「逃がしてあげよう」と提案するのではなく、どうしたらよいかを子どもに任せ、友達と考えられるようにしたこともよい援助です。

また実習生は、樹液の「ハチミツとり」では張り切っていたレイナが、虫探しのときには消極的で、テントウムシにさわろうとしないことに気づきました。テントウムシが上に登っていく習性を知っていて、自分の指に留まらせて見本を見せると、レイナも安心して指を出しテントウムシにふれることができました。子どもに安心感を与え、子どもが自分から行動しようとする援助ができたといえるでしょう。

子どもの興味や他者に伝えたい意欲を大切にし、大人が知っていることも感心して聞くことで子どもはうれしさを感じ、自信をつけていきます。大人が動植物の特徴や習性を知っていて、さりげなく子どもが気づけるようにすることも大切な援助です。

> **CHECK POINT**
> - 知っていることを伝えようとする子どもの気持ちを受け止め、自信を育む
> - かかわりの見本を見せ、子どもが安心してかかわれるようにする
> - 動植物の特徴や習性を知り、子どもが気づけるような働きかけをする

5歳児 6月 自然とのかかわり

　これまでのように、小さな動物をただ見て楽しむ、さわって楽しむ、捕まえて喜ぶだけでなく、体のつくりや動きをていねいに観察したり、生態に関心をもつようになります。空想的なことや想像では満足せず、事実を知りたい欲求も見られ、保育者に聞いたり、自分で調べようとするようになります。子ども同士で相談したり、話し合ったり、協力するなどして、小さな生き物を捕まえようとしたり、気づいたこと、発見したこと、捕れた喜びを友達と分かち合う場面が見られます。

事例　「ザリガニ釣り」

6月　5歳児　4人
トキオ　ヒカル　フユキ　マイコ

　園の近くの公園に散歩に出かけた。公園に到着すると保育者と約束を確認して草花を摘んだり、固定遊具で遊んだり、築山登りに挑戦したり、思い思いの遊びをはじめた。トキオ、ヒカル、フユキは園からもってきた手づくりの釣り竿と餌を保育者から受け取り、池に向かった。水が澄んでいるので大きな石がよく見える。サキイカをつけて石の脇に入れる。最初にトキオがザリガニを釣り上げた。「やったー、一番」とザリガニをバケツに入れて、「見て見て」と保育者や友達に大きな声で知らせている。「すごーい」と子どもたちが見にくる。「もっと釣って」とマイコが言うが、マイコはザリガニにはさわらない。「もつ？」とトキオが聞くと「ううん。いい」と断る。次にヒカルが小さいザリガニを釣った。「赤ちゃんが釣れたよー」と大きな声で友達に知らせている。

　突然、フユキが「やーめた」と言う。実習生が「どうして」と聞くと「だって釣れないんだもん」と言って築山のほうに走っていってしまった。

　しばらくしてトキオがもう1匹釣った。「フユキー、釣れたよ」とトキオはフユキを呼んで「これ貸してあげる」と釣り竿を渡す。そして「動かすとダメなんだよ。じっとして待ってないと出てこないからさ」と言う。フユキはもう一度挑戦する気になった。「あそこにいるから、そっと入れて、じっとしててよ」とトキオは自分が狙っていたザリガニをゆずった。沈黙が続きザリガニが動いた。「まだだよ。もうちょっと。そっとだよ」とトキオが言い、フユキはザリガニを釣ることができた。「やったー。先生釣れた」と実習生に誇らしげに見せる。「フユキくんすごい」と実習生がほめる。ヒカルも「フユキ、やったね」と言い、マイコも加わりバケツを見て4人で喜んでいる。

　保育者と相談して大きいザリガニを2匹だけ園にもち帰り、事前に図鑑で調べて用意した飼育箱で2匹のザリガニを飼うことになった。

① 友達を思う気持ちと共感する姿

　ザリガニ捕りは数週間前にも網をもってきて挑戦しましたがなかなか捕まらず、やっと見つけたザリガニは小さ過ぎたので逃がした経緯があります。トキオ・ヒカル・フユキ・マイコが図鑑で調べ、釣り竿と餌を用意してこの日、再挑戦しました。
　ザリガニが捕れたときの子どもたちの大きな喜びが読み取れます。1人で満足するのではなく友達に知らせ、分かち合おうとしている姿が見られ、友達関係の広がりが感じられます。トキオはザリガニ釣りの注意を熟知していて、日ごろの保育者の援助をよく見ているのか、友達に釣り竿やザリガニをゆずり、ポイントをとらえて教えることができていて見事です。子どもたちの小さな生き物への思いやりも見られます。

② 子ども同士の自発的なかかわりを見守る援助

　実習生は、ザリガニを釣るという目的をもって自発的に行動する年長の子どもたちの姿に圧倒されてしまったようです。なかなか釣れないフユキが、途中であきらめたとき、「どうして」と声をかけることはできましたが、どう対応すればいいかわからずそのまま見送ってしまいました。友達2人が釣れて自分だけ釣れないフユキの気持ちを察して、もう少していねいなかかわりができるとよかったと思います。
　マイコはザリガニに興味をもっていますが、実際に触れたことがないのでもつことをためらっています。無理強いする必要はありませんが、実習生が持ち方の見本を見せることで安心して近くで見たり、さわろうとすることはできたかもしれません。
　実習生が励ましや助言をせずに見守りに徹したことで、子ども同士が緊密にかかわることができたのかもしれません。フユキの喜びに共感する姿勢はよいので、友達を思いやるトキオの気持ちとかかわりを認める援助もできるとよかったと思います。

　うまくいかないとすぐにあきらめたり、興味はあってもかかわれない子どももいます。子どもの気持ちを受け止め、本当にしたいことを察し、子どもが意欲をもてるように働きかけをする工夫と、子どもの言動を認める援助ができるとよいでしょう。

CHECK POINT

- 子どものつまずきには、気持ちを受け止め意欲がもてるようにかかわる
- 苦手意識をもつ子どもには無理せず、安心や楽しさを伝えるようにする
- 小さい生き物への興味・意欲・思いやりを認めるかかわりをする

> **Column**　小さな生き物や植物などの自然にふれるときの注意

　動植物のなかには寄生虫や菌・毒をもっていて人間に害を及ぼすものがあります。どのようなものでも動植物にさわったときには、石けんできれいに手を洗う習慣をつけていきます。さわった手を口に入れそうな時期には、接触の機会をもたないようにすることが必要です。

❋　さわってはいけない小さな生き物
- 毛虫：毒針毛のあるイラガ、チャドクガ、カレハガ、マツケムシなどには近寄らない・さわらない注意が必要である。茶の木・柿の木・ツバキ・サザンカ・松にいる毛虫には注意する。
- ムカデ：身の危険を感じるとかみつく習性がある。素手でさわってはいけない。
- ヘビ：かまれることがある。ヤマカガシ、マムシ、ハブには毒性があるのでとくに注意が必要。
- 蜂：刺激を受けると刺す。アシナガバチ、スズメバチにはとくに要注意。
- クモ：カバキコマチグモはかむことがある。素手でさわらない。
- アブ：ウシアブの仲間は刺すので注意が必要。

❋　注意が必要な小さな生き物
- カタツムリ、ナメクジ：寄生虫がいることがある。危険性は低いが素手でさわらないほうがよい。
- カエル：ヒキガエル、アマガエルは体表に微量の毒成分がある。すぐに手を洗うようにする。
- カマキリ：体内にハリガネムシという寄生虫がいることがある。

❋　注意が必要な植物
- トゲのある植物（イラクサ、サンショウ、バラ、ほか）
- かぶれを起こす植物（ウルシ、ギンナン、ほか）
- 毒のある植物（毒キノコ、トリカブト、アツミゲシ、ハカマオニゲシ、キョウチクトウ、アセビ、センニチソウ、ヨウシュヤマゴボウ、ほか）

> **Column**　小さな生き物にかかわること

　小さな生き物とのかかわりを考えるとき、子どもが自由にかかわることを尊重するのか、1つの生命としてその大切さを教えていくのかは大変むずかしい問題である。
　はじめてアリを見る子どもはその不思議さにじっと見つめたり、驚いて動きまわるアリを指でつかまえてつぶしたり、足で踏んでしまうこともある。「だめよ」と注意をするのか、見守るのか、その判断はむずかしい。少し成長すると、小さな生き物は興味・関心の対象となり、子どもは「捕まえたい・飼いたい」という欲求をもつ。むやみな扱いや飼育の仕方によっては死んでしまうこともある。小さな生き物の死を通して、子どもが命の大切さを知る機会になるという考え方もあるだろうし、たとえ虫であってもむやみに死なせてしまうことはよくないという考え方もある。小さな生き物を子どもの遊びの対象として考えること自体に抵抗があり、適切な扱い方ができるようになるまでは飼わないという考え方もある。
　生き物を対象にする活動は、単純に「遊び」というくくりで考えていいかどうか、状況や場面を考慮しなければならない。保護者や保育者自身の価値観により大きな違いが生じ、子どもの手指の発達や理解力の発達、感性の育ちなど、子どもの個性や個人差なども総合して、直面した場面ごとに援助のあり方を考えていってほしい。

参考文献一覧

ここでは本書で参考にした文献や実習生に役立つと思われる書籍を紹介します。ぜひ参考にしてください。

(書名五十音順)

遊びがもっと魅力的になる！ 3・4・5歳児の言葉がけ

［おにごっこ編］岩田恵子 著　明治図書出版、2010年
［砂場編］箕輪潤子 著　明治図書出版、2009年

「おにごっこ編」では、いくつかの鬼ごっこを取り上げ、事例を紹介しながら、子どもたちの気持ちを理解し遊びを支える援助について、言葉かけを中心に解説しています。「砂場編」では、子どもにとっての砂遊びの魅力を述べ、具体的な事例をあげながら、砂遊びがもっと楽しくなる言葉かけを中心に援助のポイントをまとめています。砂場の管理やメンテナンスについても解説しています。

遊びを中心とした保育 ——保育記録から読み解く「援助」と「展開」

河邉貴子 著　萌文書林、2005年

保育実践の記録をもとに、子どもの遊びをどのように理解し、子どもが遊びのなかで育つことをどのようにとらえるのか、またその上で子どもをどのように援助し、保育を展開していくのかをていねいに解説しています。

かんさつとしいく図鑑

「ちいさないきもののかいかた」杉浦宏 監修　実業之日本社、1986年
「むしのかいかた」浜野栄次 監修　実業之日本社、1985年

ザリガニ、カタツムリ、ダンゴムシなどの小さな生きものや、チョウ、テントウムシ、バッタ、コオロギ、スズムシ、アリなどの虫の生態や飼育方法について、わかりやすく解説した子どもと一緒に見て楽しむ図鑑です。

こどもの傍らに在ることの意味 ——保育臨床論考

大場幸夫 著　萌文書林、2007年

"保育臨床"とは"保育者が子どもとともに生きる在りようを問う視点からの省察と対応である"と述べる著者の保育現場に臨む巡回形式による保育相談の体験をもとに保育者の専門性として"臨床"を考察した1冊です。

コロコロどんぐりみゅーじあむ

いわさゆうこ 著　アリス館、2007年

三つ子のどんぐりが主人公になった物語仕立ての絵本ですが、ドングリの種類や成長の過程が写真と絵でわかりやすく紹介されています。27種類のドングリと葉が実物大で掲載されているのも魅力です。

実習に行くまえに知っておきたい 保育実技

久富陽子 編著　萌文書林、2003年

保育実技のなかで長い間子どもたちに親しまれてきた児童文化財を中心に取り上げ、児童文化財の魅力、作品の選び方や実際に行うときのポイントをわかりやすく具体的に解説しています。

0歳児の保育資料・12か月のあそび百科（増補・改訂版・年齢別保育資料）

鈴木みゆき 編著　ひかりのくに、2008年

シリーズで『1歳児』『2歳児』版もあり、子どもの発達を解説するとともに、子どもの発達に応じてさまざまな遊びを紹介し、どのように援助すればよいかをわかりやすく解説しています。

つみ木あそびの本

岩城敏之 著　三学出版、2006 年

積み木の並べ方や積み方、積み木でどんなものがつくれるかなど、さまざまな積み木遊びの具体例を写真で紹介しています。積み木遊びの幅が広がる 1 冊です。

葉っぱの工作図鑑

岩藤しおい 著　いかだ社、2009 年

シリーズで「森の工作図鑑 vol.1 —どんぐり・まつぼっくり」（2006 年）、「森の工作図鑑 vol.2 —落ち葉」2006 年もあり、子どもと遊ぶときに参考になる葉っぱを使った遊び、落ち葉や木の実（どんぐりやまつぼっくり）を使った遊びを写真とイラストでわかりやすく紹介しています。

びっくり！おもしろ水遊び

立花愛子・佐々木信 著　チャイルド本社、2010 年

子どもが遊びながら水の性質を感じることができるシャボン玉、泡遊び、氷遊びなどさまざまな水遊びが写真と共に紹介されています。

ふれあいこどもずかん　春夏秋冬

学研教育出版、2010 年（第 2 版）　2005 年（第 1 版）

幼児から低学年向けに四季の身近な植物や動物などおよそ 1,200 種を紹介したハンディサイズの図鑑です。草花遊びや小さな生きものの生態・飼い方なども紹介しています。戸外で子どもと一緒に見て楽しむことができる図鑑です。

保育援助論 ＜復刻版＞

小川博久 著　萌文書林、2010 年

保育が向上するにはどうするかを現場で考えつつ編み出した理論で、保育の理論を構成するすべての要素を、自らの保育実践をも踏まえ解説してくれる 1 冊です。

保育内容としての遊びと指導

丸山良平・富田昌平・横山文樹 著　建帛社、2003 年

保育内容としての乳幼児の遊びについて、理論的にまとめられているとともに、保育実践の事例を通して保育者の援助の実際を具体的に解説しています。

保育における援助の方法

阿部明子・中田カヨ子 編著　萌文書林、2010 年

豊富な事例をあげながら、年齢を追って発達に応じた援助のあり方の実際をまとめています。また、一日の保育の展開に沿って、子どもたちの活動に対する配慮と援助をわかりやすく解説しています。

保育をひらく造形表現

槇 英子 著　萌文書林、2008 年

幼稚園・保育所の造形表現についてていねいに解説し、実践に役立つさまざまな造形活動を紹介しています。粘土、水、植物などを用いた遊びにも役立ちます。

幼児理解と保育援助

森上史朗・浜口順子 編著　ミネルヴァ書房、2003 年

子ども一人ひとりの内面理解について、その実際を具体的に解説しています。子どもの内面を理解し、どのように信頼関係を築いていったらよいのか、援助の基盤となる子どもと保育者の信頼関係の構築を学びます。

著者紹介

（※執筆順。執筆箇所担当は、もくじ内に記載）

編著者　久富 陽子（ひさとみ ようこ）　　大妻女子大学 家政学部 児童学科 教授

日本女子大学家政学部児童学科卒業後、私立幼稚園に勤務。その後、大妻女子大学大学院家政学研究科児童学専攻に進学。修士課程修了。保育関連科目や幼稚園教育実習を担当。

主な著書：『保育方法の実践的理解』『指導計画の考え方・立て方』『改訂 保育内容総論』『保育者論』『保育の学びスタートブック』『学びつづける保育者をめざす実習の本』（以上、萌文書林）、『保育学入門』（建帛社）、『保育方法・指導法の研究』（ミネルヴァ書房）など。

著者　小櫃 智子（おびつ ともこ）　　東京家政大学 子ども支援学部 子ども支援学科 教授

東京家政大学大学院博士課程満期退学後、彰栄幼稚園にて勤務。その後、彰栄保育福祉専門学校保育科専任講師を経て、現職。保育内容総論、保育内容（人間関係）、保育実習などを担当。

主な著書：『指導計画の考え方・立て方』『実習日誌の書き方』『実習ワーク』（以上、萌文書林）、『ワークシートで学ぶ保育所実習』（同文書院）、『教育・保育カリキュラム論』（中央法規出版）など。

善本 眞弓（よしもと まゆみ）　　東京成徳大学 子ども学部 子ども学科 教授

保育所・幼稚園に勤務後、日本女子大学大学院家政学研究科児童学専攻に進学。修士課程修了。浦和大学こども学部助教、新渡戸文化短期大学生活学科准教授を経て現職。乳児保育、保育内容総論ほか、保育関連科目、保育実習を担当。

主な著書：『指導計画の考え方・立て方』『学びつづける保育者をめざす実習の本』（以上、萌文書林）、『エピソードから楽しく学ぼう保育内容総論』（創成社）、『講義で学ぶ乳児保育』『演習で学ぶ乳児保育』（以上、わかば社）など。

＜イラスト＞　鳥 取 秀 子
＜装　丁＞　永 井 佳 乃

実習における遊びの援助と展開

2011年5月22日　初版発行
2023年4月1日　初版第4刷

編 著 者　久 富 陽 子
発 行 者　服 部 直 人
発 行 所　㈱萌文書林

〒113-0021 東京都文京区本駒込 6-15-11
tel(03)3943-0576　fax(03)3943-0567
(URL)https://www.houbun.com
(e-mail)info@houbun.com

印刷／製本　シ ナ ノ 印刷 ㈱

＜検印省略＞

© Yoko Hisatomi 2011　　　　ISBN 978-4-89347-155-0　C3037